ヘルスツーリズムによる地方創生

健康長寿を目指して
「お散歩でこの国を元気にする」

西村典芳

カナリアコミュニケーションズ

はじめに

厚生労働省の発表によると、日本の２０１３年度の医療費は、前年度比約０・８兆円増の39・３兆円となっています。厚生労働省では、こうした財政状況を背景に２０００年度から第３次国民健康づくり対策《21世紀における国民健康づくり運動（健康日本21）》を開始しました。これは、壮年期死亡の減少、健康寿命の延伸および生活の質の向上を実現することを目的とし、生活習慣病とその原因となる生活習慣等の改善課題を、広く関係団体などの参加・協力も得ながら、国が10年後を目標に「一次予防」の情報提供等を行う事業です。

わが国では、古くから病気や怪我の治療のために温泉を利用する「湯治」が存在しています。１８８０年ベルツが『日本鉱泉論』で「日本には多くの温泉があり療養に利用されているが、これを指導する機関がない。政府は温泉治療を指導すべきである」と提言しています。その後、１９３５年までは、温泉医学は世界でもトップレベルで国立病院に温泉研究所があったものの、現在は民間療法としての位置づけになっています。

ドイツでは1892年から森林などの自然を活用した健康保養地づくりに取り組んでいます。ドイツ国内には、自然保養療養地が374カ所存在していて、年間1900万人が訪れています。その最大の理由は、社会健康保険が適用され、4年に一度3週間の保養を行うことが法的に認められていることです。

日本国内の動きとして、2004年から林野庁と厚生労働省がオブザーバーになった「森林セラピー研究会」（現特定非営利活動法人森林セラピーソサエティ）という組織が運営されています。この研究会では、2005年1月から森林セラピーに適切な歩道および歩道群「セラピーロード®」を審査して認定しているところです。また、森林セラピーを行うのに適した保養地で、2本以上の「セラピーロード®」を擁する森林地域と、健康維持・増進等に資するメニュー等を提供する施設等により構成される一定のエリアを「森林セラピー基地」として認定する制度も始まっていますが、ドイツの健康保養地とは、医療制度や保険制度はかけ離れた状況であることは論を俟たない状況です。

そこで、これまでの医療一辺倒から、保養・ウエルネスが中心となったドイツの健康保養地（クアオルト）の姿は、医科学的な根拠のある健康づくりが課題である日本にとって、手本としやすいノウハウではないかと考えます。

健康志向が高まる現在、日本におけるヘルスツーリズムの開発が確実に結実するには、受け入れ地での人的資源を中心とした受け入れ体制や流通などに課題を残しています。

ヘルスツーリズム推進の観点として、単に温泉旅行のような旅行中の健康効果（医学的、生理学的、心理学的等）にとどまらず、また森林浴の活用なども含めて、旅行をきっかけとした生活の質の向上を図るようなプログラムを開発・実証し、温泉を持たない市区町村でもヘルスツーリズムに関われるようにすることで、都市からの交流人口を増やすことが可能になると考えます。

近年、日本の旅行・観光関連業界でも健康の維持・増進を主たる目的としたヘルスツーリズムに強くスポットが当たり、実際に取り組んでいるホテルや公的宿泊施設、自治体、民間組織などが増えています。行政においても「健康」への取り組みは重要な政策課題です。具体的には、高齢になってもできるだけ多くの人たちが現役で社会参加できるようにするために、健康寿命をなんとかして延ばそうという試みです。経済産業省の手掛けている「健康寿命延伸産業」創出推進事業や、厚生労働省が導入に向け検証作業を進めている「宿泊型新保健指導プログラム（スマート・ライフ・ステイプログラム）」などが、その具体的な動きといえます。

経済産業省がすすめる「次世代ヘルスケア産業協議会」では、地域資源を活用した健康食、ヘルスツーリズムなどのビジネスの創出を図り、創出されたビジネスの、諸外国への展開（アウトバウンド）を推進するように議論がなされています。「健康寿命」ブランドによる、地域外・国外の観光客を呼び込もうということです。具体的には、地域的な協議会を組織する方法で、自治体・事業者・地域住民が一体となり、地元に合ったヘルスツーリズムのコンセプトや推進体制を立案・整備して、提供するサービスの健康増進効果について、事業者等は科学的な方法で評価・公表し、サービスの質を保証する第三者評価も検討されています。それが、ニューツーリズムと呼ばれる、国や自治体による積極的な働きかけを促し海外需要の取り込みを図ろうという取り組みです。

しかし、具体的にどのような取り組みをすればよいのか、手探りの段階であるのが現状です。そこで、ヘルスツーリズムの具体的な事例を示すことにより地域活性化に貢献できることを提案したいと思い、本書を執筆しました。

目次

第2章　世界のヘルスツーリズム

第3章　日本におけるヘルスツーリズム

第4章　これからのヘルスツーリズム

おわりに―私のヘルスツーリズムとの出会い

第1章

ヘルスツーリズムとは

ヘルスツーリズムの市場規模

世界のヘルスツーリズム市場規模

国名	市場規模（2012）兆円	ヘルスツーリズム旅行者数（2012）万人	旅行者数成長率（12-17）%
米国	16.7	1億4137	5.8
ドイツ	4.2	4925	4.7
日本	2.9	3414	3.7
フランス	2.4	2726	5.5
オーストラリア	1.4	1129	6.9
全世界	44	5億2440	8.5

出典　Global Wellness Institute「The Global wellness Tourism Economy」2013

Global Wellness Institute の調査によれば、ヘルスツーリズムの世界市場規模は、年平均約９％の成長率で拡大し、２０１２年の44兆円から２０１７年には68兆円になると予測しています。日本のヘルスツーリズムの市場についても、世界3位の２・９兆円規模（２０１２年）であり、今後も拡大が見込まれています。

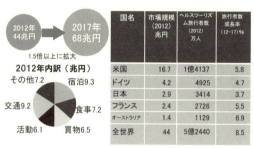

ヘルスツーリズムの社会的背景

世界的な健康課題として、抑うつ、不安、ストレスといったメンタルヘルスの問題に社会的関心が高

まりつつあります。世界保健機関（ＷＨＯ）の発表によると２００４年には3位のうつ病性障害が２０３０年には1位になると予測しています。

わが国においては１９９８年以降自殺者数が３万人を超す状況です。警察庁の資料（２０１０年）では、その原因・動機として、うつ病が７０００件を超えることが報告されています。（警察庁・２０１１）精神疾患患者数は３００万人を超え、糖尿病やがんを大幅に上回る状況にあります。

２０１１年7月には、厚生労働省がこれまで重点的に対策に取り組んできた「4大疾病（がん、脳卒中、心臓病、糖尿病）」に「精神疾患」を加え、「5大疾病」とする方針も示され、メンタルヘルス支援策は急を要する国家的な健康政策課題の一つといえます。

健康悪化の要因には運動不足があげられます。国立健康・栄養研究所の国民健康・栄養調査（２００８年）によると、運動習慣のある者（1回30分以上の運動を週2日以上実施し、1年以上継続している者）の割合は男性が３人に１人、女性が４人に１人の割合であり、歩数の平均値では男性７０１１歩、女性５９４５歩です。

現代人の多くは、乗り物を利用してほとんど歩かずに移動し、一日中デスクワークを行うなど、運動不足になっています。運動不足を放っておくと、病気を引き起こします。

特に運動不足は、食習慣と相俟って生活習慣病をもたらす要因として留意する必要があります。

もうひとつは、睡眠不足です。国立健康・栄養研究所の国民健康・栄養調査（2008年）によると、1日の平均睡眠時間7時間未満の人が、男女ともに3人に1人の割合です。コンビニエンス・ストアなどの24時間営業など社会構造の変化に伴い、労働、勉強、娯楽などで深夜まで起きていることが多くなり、生活リズムが乱れ、睡眠不足や睡眠の質の低下、さらに睡眠障害（不眠症、睡眠過剰症、睡眠時異常行動、睡眠覚醒スケジュール障害）を引き起こすようになっています。

さらに、ストレスがあげられます。国立健康・栄養研究所の国民健康・栄養調査（2008年）によると、調査直前の1カ月間において男女ともに3人に2人の割合でストレスを受けて生活しています。

一般的にストレスには良いストレスと悪いストレスがあり、前者は適度なストレスの場合であり、やる気や次の行動を引き起こす原動力になりますが、後者は過剰なストレスの場合であり、長く続くと次第にストレスに対する抵抗力が失われ、心身の不調になります。

地域が直面する健康課題

超高齢社会にあるわが国において、各地域が直面する社会問題の解決は喫緊の課題です。厚生労働省によれば、高齢者の約4人に1人が認知症の人またはその予備群といわれています。高齢化の進展に伴い、認知症の人はさらに増加し、2012年462万人（約7人に1人）から2025年約700万人（約5人に1人）と推測されています。認知症の人を単に支えられる側と考えるのではなく、認知症の人が認知症とともによりよく生きていくことができるような環境整備が必要になります。認知症や虚弱（特に女性）等の課題がさらに本格化することが想定されています。認知症に関しては国家的取り組みが開始されたところでありますが、各地域が保有する地域資源や民間ビジネスを活用することにより、更なる解決策を見いだしていくことも重要です。

人口問題

日本は2008年をピークに人口減少に転じました。国立社会保障・人口問題研究所の推計によりますと、2010年に1億2806万人であった日本の総人口は、2050年には9700万人となり、2100年には4959万人になると推測されています。わずか100年の間に現在の4割近くまで減るという見通しで、この人口水準は明治から大正初めの頃の水準です。

民間有識者会議「日本創成会議」が2014年5月に発表した「消滅可能性都市896リスト」によれば、あと25年もすると、半数の市区町村が今の人口の半分以下になる可能性があるといいます。

東京への人口が一極集中して地方から人口の流出は止まりません。そのような地方都市にとって、最も重要なことは「しごと」です。ふるさとに戻りたくても仕事がない。このような状況を変えない限り人口流出は止まらないのが現状です。

また、人口減少が続き、労働力が極端に減る中、若い世代が、できるだけ子供数を少なくしよう、子供を持つことは負担だといった価値観を持っても仕方ない現状です。

日本創成会議は2025年には全国で約43万人が必要な介護を受けられない「介護難民」になることや、その対策として、受け入れ可能な地方への移住を提言しました。この提案は「姥捨て山」のように聞こえますが、基本は、高度経済成長期に東京に出てきた人たちがふるさとに帰り、自らの経験や知識を地域で活用させることです。ここに、地方創生の鍵があるように思います。

ヘルスツーリズムの社会経済的効果

健康サービス産業創造研究会報告書（2003年）によれば「今後、国民の健康増進活動等の促進によって約4兆円が抑制される」といった医療費抑制効果の試算もあり、国民の健康増進活動の一つとして社会コストの縮減にも寄与する〝国家的な戦略プロジェクト〟になりうる価値を十分に持っています。

ヘルスツーリズムの社会経済的効果について、日本観光協会「平成21年度ヘルスツーリズム推進事業報告書」によると、温泉や森林浴、自然体験、地産地消の郷土料理など、地域内の健康につながる様々な資源を利用して、多様な観光活動の機会を提供することによって、観光活動の選択の幅が広がり、健康に配慮しながら様々な観光を楽しむことにより、メタボリックシンドロームや生活習慣病、うつ病にかかるのを予防または改善し、高齢社会の進展に伴う国民医療費の増大を抑制することが期待できます。

観光事業者は、宿泊数の増大が見込まれ、新たなビジネスモデルを構築する機会が得られ、旅行会社と旅館が連携して、旅館が長期滞在型の湯治場にふさわしいものに再構築し、旅行会社がそれを生かした旅行商品を企画販売するといったビジネスモデルも考えられます。ヘルスツーリズムは、本来的に日帰り観光ではなく宿泊観光になるため、宿泊数の増大が見込まれます。それには、健康とつながる様々な業種との連携を図りながら、滞在日数を延ばすための工夫が必要になります。

地域全体が一丸となって取り組めば、全国から注目の的となり、先進地として地域のイメージアップ、知名度のアップにつながります。これまで周辺に観光資源があっても、資源を結びつけるアイデアが見つからず、両者の相乗効果を引き出せる機会が少なかったのが、健康とつながる様々な資源を結びつけ、利用者に明快にアピールすることができ、地域全体の観光的魅力を向上させ滞在時間を延ばすことによって消費が増加し、地域経済に貢献することができます。

ヘルスツーリズムは、宿泊観光が中心になるため、滞在時間が長くなるために地域内の飲食業の利用が伸びることにより、その食材を提供する地域の農業振興にもつながります。さらに、地場産品を活用した様々な土産品が開発されるようになり、インターネットなどによって直接購入されるなど、地場産業の振興も期待されます。

ヘルスツーリズムの魅力は、その地域の住民が健康的に暮らしていることを見聞することにあります。また、地域の食材を利用したメニューを提供する飲食店や地元素材を活用した健康食品を開発・製造する会社や自然体験を指導するインストラクター組織やヘルスツーリズムを意識したホテル・施設などの会社などの新たな観光産業が生まれる可能性があります。また、鍼灸、マッサージ、温泉療法などの代替医療業者も進出するようになり、このように地域内に新たな産業が創出されることによって地域経済の向上をもたらします。その結果、医療機関をはじめ健康サービス・施設が充実し、来訪者ばかりではなく住民にも利用の機会が増え、利用者や大学研究機関などの専門家との交流も増えるため、文化水準を向上させることが可能です。

ヘルスツーリズムは、各地域の風土的な特色に応じて様々なタイプが考えられ、それに伴って関連施設の整備も違ってきますが、いきなり箱ものをつくるのではなく、ウォーキングなどの比較的初期投資が少ない事業から取り組むことも成功の秘訣かもしれません。結果、ヘルスツーリズムの導入によって、新たな雇用の創出につながり、税収のアップにつながるのではないでしょうか。

ヘルスツーリズムとは

「ヘルスツーリズム」という言葉は、ＩＵＯＴＯ（公的旅行機関国際連盟）が１９７３年に「地域の自然資源、特に硬水や気候を活用した健康設備の提供」と述べたのが始まりだといわれています。

社団法人日本観光協会では「ヘルスツーリズムは、自己の自由裁量時間の中で、日常生活圏を離れて、主として特定地域に滞在し、医科学的な根拠に基づく健康回復・維持・増進につながり、かつ、楽しみの要素がある非日常的な体験、あるいは異日常的な体験を行い、必ず居住地に帰ってくる活動である。」と述べています。

観光立国推進基本計画（２００７年）によれば、「自然豊かな地域を訪れ、そこにある

形態タイプ	目的・適応・効用	事例タイプ
形態 1： 手術・治療	メディカルツーリズムに該当	
形態 2： 療養	病気回復・緩和	温泉療法，気候療法（アレルギー回避，花粉症症状の緩和），アニマルセラピー等
形態 3： 診断・疾病予防	生活習慣病の予防， アレルギー体質改善など	PET 検診，人間ドック，温泉療法，脳トレツアー
形態 4： 健康の維持・増進	自然治癒力の向上， ストレス解消	温泉療法，森林療法，タラソテラピー，健康増進プログラム，食事療法，脳トレツアー，その他の療法
形態 5： レジャー	保養，気晴らし， 自己開発につながる活動	温泉療法，森林療法，タラソテラピー，エコツーリズム，グリーンツーリズム，自然体験ツアー，農業（家）体験ツアー，脳トレツアー

↑医療的な要素

楽しさ↓

図 1　ヘルスツーリズムの対象領域

資料：日本観光協会「ヘルスツーリズムの推進に向けて」より作成

自然、温泉や身体に優しい料理を味わい、心身ともに癒され、健康を回復・増進・保持する新しい観光形態であり、医療に近いものからレジャーに近いものまで様々なものが含まれる。」とも述べています。

わが国の場合は、ヘルスツーリズムが対象とする領域はかなり広く、図1に示すように、5段階のレベルがあり、形態1の手術・治療を含むものを広義のヘルスツーリズムとし、形態2の療養から形態5のレジャーまでを狭義のヘルスツーリズムとして捉えます。

Mueller & Kaufmann（2001）は、図2に示すようにツーリズムを需要サイドから捉え、4つのカテゴリーに分け、ビジネスツーリズム、ヘルスツーリズム、日帰り旅行、そ

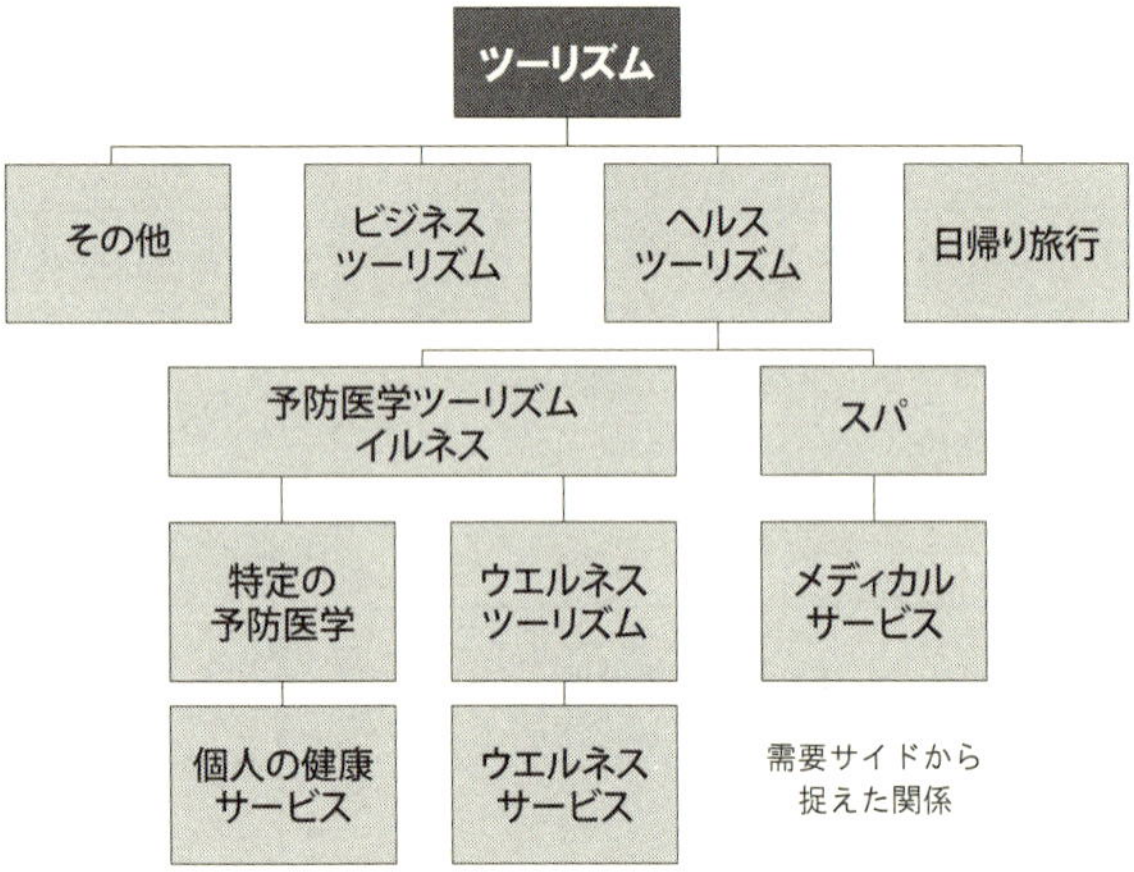

図2：需要サイドから捉えた関係Mueller & Kaufmann（2001）より

の他の旅行に分類しています。健康の状態でヘルスツーリズムの仕方が異なるという視点で捉えています。健康であれば病気予防のツーリズムとなり、何らかの病気を抱えている場合は、スパツーリズム(温泉旅行)や病気回復のためのツーリズムになるというものです。

ヘルスツーリズムとウエルネスツーリズム

ウエルネスツーリズムとは、「ヘルスツーリズムの推進に向けて：ヘルスツーリズムに関する調査報告書(社団法人日本観光協会)」によると、国内では概念・定義はないとしていますが、医学的根拠にもとづく健康回復・維持・増進につながる温泉浴、健康増進プログラムなどの活動形態とする点では、「ヘルスツーリズム」と共通しています。「ウエルネスツーリズム」は、たんに疾病を予防するだけではなく、生きがいや生活の質の向上など、ヘルスプロモーションに力点が置かれている概念であると考えられています。

ウエルネスは、米国の公衆衛生医師ハルバート・ダンによってそれまで使われていた健康を表すHealthに換えて、あまり一般的でなかったWellnessの語を用い新しい総合的な健康概念として提唱されました。

1961年にハルバート・ダンが出版した「ハイレベルウエルネス」の中で、「ウエルネスとは、個人が持つ潜在能力を最大限に生かす機能を統合したもの」と定義しています。ダン博士は、世界保健機関（WHO）が1946年にした健康の定義「健康とは身体的にも精神的にも社会的にも完全に良好な状態であって、単に病気でないだけでない」という文の「完全に良好な状態（Well-being）」を積極的に解釈し、健康で輝くように生き生きしている状態およびそれを自発的に達成する行動と捉えました。

ハイレベルウエルネスとは、病気の状態でないというだけでなく、より良い状態を目指し我々の内部からより喜びの多い人生へと導き、後々まで続くものであるとしています。

彼は、その著書の中で個人のウエルネス、家族のウエルネス、環境のウエルネス、社会のウエルネス、地域のウエルネスの5つに分けて説明しています。

1981年にジョン・トラビスが出版した「ウエルネスワークブック」と「Wellness for Helping Professionals」の中で、「ウエルネスとは身体的健康の定義の幅を広げたもので、自覚と学習と成長の3つのステップを繰り返し、自分自身の健康度をより高める過程である」と定義しています。

1977年にドナルド・アーデルが出版し、その後1986年に改訂した「ハイレベルウエルネス」の中で、「ウエルネスとは、よりハイレベルな健康と可能なかぎりの良好な状態を生きているかぎり自分で考え楽しんでいく生き方である」と定義しています。

ビル・ヘトラーとその仲間で1977年に設立した全米ウエルネス協会におけるウエルネス定義は、「ウエルネスとは各人がよりすばらしい生き方や、より充実した人生があることを認識し、またそれに向けて必要な選択をし続ける過程である」と述べ、ウエルネスを6領域の分野に分けてまとめています。

1）情緒的な領域（個人の感覚が尊重され、これを受け入れることが重視される）

2）知的な領域（創造的、啓発的な活動を促進する）

3）身体的な領域（規則的な運動を生活の中にどのように定着させるか）

4）社会的な領域（人が属している地域社会の公共福祉増進、人間環境、自然環境の向上について考える）

5）職業の領域（働くことによる人間的満足感、生活に充実感が感じられるような仕事の関係について考える）

6）精神的な領域（人間の存在について意義と目的を探求すること）

国内において野崎康明氏（1994）は、新しいウエルネスとして「ウエルネスとは自分の人生には自分で責任を持つことを知り、より幸福でより充実した人生を送るために、自分の現在の生活習慣（ライフスタイル）を点検し、自分で変えなければならないことに気づき、これを変革し続けていく過程である」と定義しています。

さらに「ハイレベルウエルネスに至る過程は、自分の現在の生活習慣を点検し、変革する必要性を認める気づきから始まります。次に自分の生活習慣をより良い方向に変革するために方法を学ぶ学習段階があります。次に学習したものをどのように実施するかの行動の段階があり、その次に気づき、学習、行動に対しての評価を行う段階があります。このウエルネス学習のモデルは1回だけでなく繰り返しながらよりハイレベルな段階へと進めていくことが重要である」と述べ、ウエルネスを図3に示すように5領域の分野に分けてまとめています。

1）情緒の領域（怒り、悲しみ、喜びなどの自分の感情の表出方法や感情的な行動に対して認識し、そのコントロールの仕方について自覚すること）

2）精神の領域（人生観や生きがいについて考えること）

3）身体的な領域（身体の各部分の名称や機能に対する知識、睡眠や運動、栄養についての必要性と知識や行動が含まれる。運動では現在の自分の身体能力を知ることと、そ

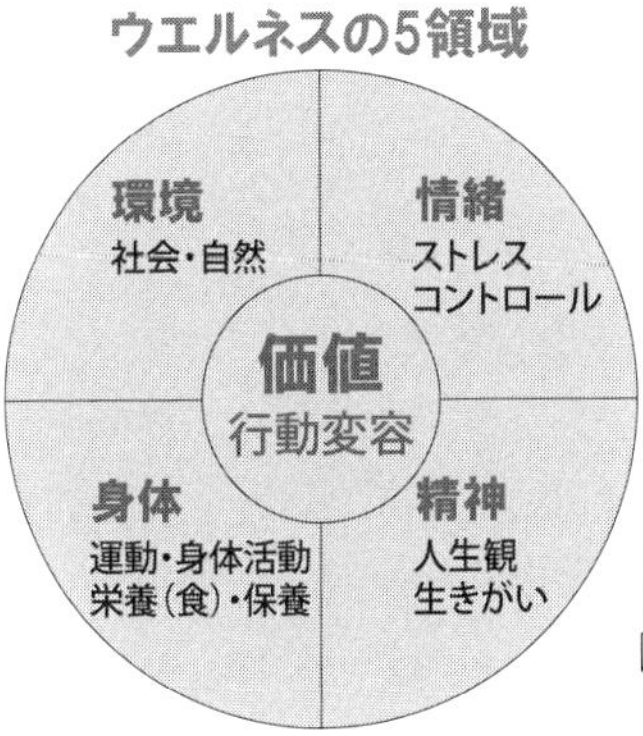

ウエルネスモデル
2006（野崎）
図3：
ウエルネスモデル

れを高めていくための方法を学び、実行していくこと。自分の適正体重を知り、これを保つこと、成人病などに関する知識と予防行動、病気に対する自己管理、医師、病院の適切な利用方法に関する知識を身につけること。栄養では食物と栄養に関する知識を養い、適正な栄養の摂取方法を学び、実行すること。喫煙の害、薬物（麻薬や覚醒剤など）の害、過度の飲酒による害について知り、その対処方法を身につけること）

4）環境の領域（社会的環境では家庭、地域、学校、職場における行動、人間関係や社会的位置と存在について考えること。自然環境では自分と身の回りの自然との関わり方、植物や動物との関わり方、公害やゴミ処理に関する関心の程度、地球環境についての認識と知識を深めること）

5）価値の領域（自分が何に価値を見いだしているかを考え認識すること）

ヘルスよりウエルネスの方がより広範囲なものを含む概念ということができますが、ツーリズムの視点でいくと、ウエルネスツーリズムはヘルスツーリズムのサブカテゴリーであり、ヘルスツーリズムに含まれる観光とされており、疾病を予防するだけではなく、生きがいや生活の質の向上など、ヘルスプロモーションに力点が置かれています。ウエルネスツーリズムの構成要素には、休暇中のヘルスケアや治療・回復、リラクゼーション、食事療法、運動、スキンケア・美容などの9つがあげられます。

ヨーロッパ諸国では、温泉・鉱泉が医療・療養目的で使われてきた現状が示すように、スパツーリズムや健康回復のためのツーリズムをメディカルツーリズムと捉えています。このような国々においては、スパつまり温泉を求めてのツーリズムは、むしろ病気治療・療養のための旅行であり、病気予防を目的としたツーリズムはウエルネスツーリズムということができます。

ヨーロッパにおいては、ウエルネスツーリズムはよく行われる旅行形態であり、スパはウエルネスの生き方を求める人々にとって、その実現をアシストするものと位置づけられています。そこで、滞在するホテルにおいて提供される個人のケアプログラムやリラクゼーションプログラムの質が重要になってきています。

ヘルスツーリズムが医科学的な根拠を必要とするツーリズムと限定すれば、ヘルスツーリズムは、病気を治療する目的で他国に質の高い医療や高額な先端医療をより安い料金で受けるためのツーリズムという印象を与える可能性があります。

ヘルスツーリズムは、メディカルツーリズムや、スパツーリズムを含めたウエルネスツーリズムから構成されることが、現代のツーリズムが持っている楽しさやリラクゼーション、学びといった側面も表現されるのではないでしょうか。

ヘルスツーリズムの歴史

古代ギリシャ時代に「生命の泉」周辺には神殿が造られ、僧侶による治療が行われていました。古来、人は地上に湧き出る（温）泉を天与（神）の恵み、賜とみなし、崇めていました。洋の東西を問わず、古代・中世を通じて、温泉の湧き出る場所（温泉地）は、人々を癒やす場、争いをおこしてはいけないアジール（避難所。平和領域）とみなされていました。近世ヨーロッパでは18世紀半ばの戦争時に交戦国が協定して、温泉地を中立地帯と宣言していました。その後、衰退した保養ですが、19世紀後半、医学の発達とともに、温泉や海という自然資源がもつ医学的な効果が科学的に証明されることにより復活し、中世以降のヨーロッパではドイツのバーデン・バーデンなど高級保養地への滞在スタイルとして発展してきました。

日本においては、江戸時代に、農民・漁民が農・漁閑期を利用して「湯治」をする習慣があり、温泉地に長期間滞在して、日ごろの疲れやストレスをとると同時に、心身の健康度を高め次の仕事への充電をしていました。第2次大戦後の温泉利用の傾向は、まず個人での楽しみや保養より、団体バスを連ねて集団旅行をする時期があり、高度成長期からバブル期にかけての遊興宴会型騒ぎの時期を経て、最近では休養や保養、健康づくり志向が高まりつつあります。

2014年の『旅行年鑑』で、観光地はどこに行きたいかのアンケート調査では、温泉旅行が圧倒的でした。テレビで朝から夜遅くまで温泉にまつわる番組がいろいろな角度から取り上げられているのもその影響かもしれません。江戸時代、旅の目的を「楽しみのため」としたものは認められていませんでした。現在のように誰でも自由に旅行ができる時代ではなく、各地に関所が置かれて「通行手形」がなければ、関所を越えることができない世の中でした。将軍や大名などの湯治が盛んだった一方で、一般庶民も温泉を利用していました。農民や町民など庶民の場合は、湯治願いを出して許可を受けて湯治を実施したようです。一般的に湯治は3週間程滞在し、温泉浴によって自然治癒力（注1）を高め、病を克服する人々や、積極的に体温を上げ、予防医学に励む人々も多くいました。また、温泉地での保養にはウォーキングがつきものでした。この時代には医療と信仰を目的とする旅については制限することができなかったようです。

この医療を目的とする旅が「湯治」であり、休養目的の温泉利用は現代の観光行動にも引き継がれています。

注1）〝自然治癒力〟とは、人間がもともと持っている「自分自身を治そうとする力」「体内の秩序が乱れたときに、自ら秩序をつくり出し、元の状態に戻ろうとする能力」

参考文献

『ウエルネスの理論と実践』（野崎康明　丸善メイツ　２００１年）
『ヘルスツーリズムの現状と展望』（ヘルスツーリズム研究所　２００７年）
『ヘルスツーリズムの手引き～平成21年度ヘルスツーリズム推進事業報告書』（日本観光協会　２０１０年）
『ウエルネスツーリズム―健康と美を求めての現代的観光―』（光武幸　創風社　２０１０年）
『ヘルスツーリズム概論』（羽生正宗　日本評論社　２０１１年）

第2章

世界のヘルスツーリズム

オーストリアは、温泉やスパで古くから歴史があり、ウエルネスツーリスト数は欧州一です（年間350万人来訪）。政府観光局が積極的なプロモーション活動を実施して2002年に政府がヘルスツーリズムについて130以上の項目を用いて評価し、品質評価マークを与える「Best Health Austria」を発表しました。

ハンガリーは、豊富な水資源を背景に、隣国オーストリアと並び古代ローマ時代からスパ文化が盛んです。ハンガリーのヘルスツーリズムの資源は温泉です。ヨーロッパにおいて、ハンガリーは比類のない治療効果をもつ温泉を有する国として知られてきました。泉温30度以上の源泉が約1200存在し、ハンガリー全土の約80％の地下に温泉が広がっています。スパの多くは地方自治体が所有し、政府観光局が大々的なプロモーションを展開し「Spa & Wellness」キャンペーンを実施しています。ハンガリーのホテルには、健康づくりに関わるスパホテル、温泉ホテル、ウエルネスホテルという3つのカテゴリーが存在します。厚生省はスパホテルと温泉ホテルについては、1999年医療用サービスを提供できることを必要条件として認定し、そのほかに採掘権を有していること、医師の監督を必要とするホテルと位置づけています。ウエルネスホテルは1998年に規定が設けられました。温泉の存在を前提としないが、認定される基準は、少なくとも屋内プールがひとつあること、種類の異なる2つのサウナがあること、6種類のマッサージを提供していること、4種類以上のスポーツ設備を有すること、ウエルネスの資格を有する従業員を1人以上置くことと決められています。

タイマッサージは、世界的なブランドとして確立され仏教的な瞑想やハーブ治療等も実施しています。保健省と商務省が「Health Tourism Hub of Asia」を掲げタイスパのコンセプトをプロモーションしています。保健省がタイスパのガイドラインと基準を策定し、スパは保険省の承認、セラピストは資格が必要となっています。タイのスパ施設として認定される要件は、その施設が文化やモラルを破るような派手な装飾をしないこと。スパサービスの条件に関する基準として、主要なサービスは、ヘルスマッサージとハイドロセラピーマッサージ（ホットタブ・クールタブ、ジャグジー、スチームルーム）ですが、これに泥浴（mud baths）、泥マスク・ビューティ・トリートメント、エクササイズ・ヨガ、健康な食事のようなサービスを少なくとも3つ加えること。スパサービス・プロバイダーに関する基準は、教育機関などでトレーニングコースないしは学習プログラムを修了した者か、ヘルス・スパで少なくとも1年以上働いた経験をもち、中央サービス企業基準検査と評価委員会による学力と実習テストに合格した者、というように資格を有することが決められています。

アメリカにはウエルネス・スパがあります。ニューヨークから約2時間のところにニューエイジ・ヘルススパがありますが、雄大な自然に囲まれた280エーカー（約34万坪）の大敷地でスロータイムをじっくり楽しめる滞在型のホリスティック・スパです。宿泊や食事を含む完全パッケージ制で、値段は1泊約200〜500ドル。ゲストは、アメニティ（ジム、室内外プール、ヨガ&瞑想センター、フィットネス・スタジオ、テニスコート、スチーム&サウナ）、各種クラス（ヨガ、太極拳、合気道、瞑想、ピラティスなど）、屋外アクティビティ（ハイキング、テニス、アルペンタワー、クロスカントリースキーなど）、レクチャー（ストレス管理、ハーブ療法、占星術など）に無制限に参加できゆっくりと保養を楽しんでいます。

スイスを中心にヨーロッパ、アメリカなどで行われているものに、森林の中に整備されたコースを回りながら軽い運動をして健康維持をするという「ピタパルコース」があります。

スイスで、林学、レクリエーション、身体トレーニングなどの専門家が集まって開発しました。面白いことに、保険会社がコースの整備のための案内板を無償で提供してくれています。現在スイスでは約500カ所つくられており、ヨーロッパは1300カ所つくられています。一周できるコースになっており、距離は300m～4km（モデル的なコースは距離がおおよそ1・5kmで、足に負担がかからないようにしたり、水はけをよくするためにウッドチップが敷かれています）。途中にフィットネスをするポイントが15～20あり、その場所の案内板に指示されている軽いエクササイズを行います。心臓・循環器系疾患に効果があるといわれています。

イギリスでは、心臓病や循環器系疾患の予防のための「健康トレイル」という森林でのウォーキングが盛んです。イギリスの中西部のウオルサルという町は、心臓の冠動脈疾患が多く、5人に1人が肥満という健康状態の悪い地域だそうですが、市民参加を積極的に進めてトレイルの整備をしています。イギリスの心臓財団と田園庁という役所が協力してスポンサーとなり、利用しやすい郊外や町なかに健康トレイルを整備しています。トレイルは、平坦につくられ、心臓が弱い人でも歩けるようになっており、車椅子の人でも利用できる状態になっています。市民のやる気を高めるために、歩いた距離（マイル）をためると特典がもらえるという工夫がされています。

世界の自然療法

　ドイツ国内には、自然保養療養地が374存在し、年間1900万人が訪れています。クナイプ療法の発祥の地「バート・ウェーリスホーフェン」には、毎年100万人近い人が訪れています。社会健康保険が適用され、ドイツでは4年に一度3週間の保養を行うことが法的に認められています。

　クナイプ療法の発祥の地が、クナイプ神父の故郷である南ドイツのバイエルン州の南西部にあるバート・ウェーリスホーフェンという人口1万5000人程度の小さな都市です。標高660ｍの高原にあり、起伏も穏やかな市全体がクナイプ療法を中心とした森林保養地になっており、市の年間収支の6〜7割が保養地関連になっています。

　リューマチや循環器系疾患などのリハビリに適した保養地として位置づけられ保険会社からも認められています。ドイツ全土から訪ねる保養客の平均年齢は59歳で、中高年層が多く、平均滞在日数は2〜3週間。保養施設は、収容人数順にクアホテル18軒、クアペンション64軒、クアハイム70軒。そのほとんどで、クナイプ医師や療法士が往診あるいは常勤してクナイプ療法を施せます。複数の医師と療法士をかかえる保養施設もあり、選択が可能です。

ドイツにみる保養地の条件としては、その土地に特有のよい治療手段があることです。温泉や海、森林、地形、気候など病気の治療や予防に効果のある自然環境を備えていることが必要です。

次に、気候条件や景観がよいことです。保養地の気候条件には、保護性気候(穏やかで体にあまり刺激を与えない。だれにでも利用しやすい一般的な土地)、刺激性気候(温度や湿度などの変動が大きく、気圧や大気の状態などがふつうの土地とは異なる。病気の種類や程度によっては、負担になりすぎて逆効果になる)の二つに大きくわかれます。

第3に、自分の目的に沿った適切な施設があることです。関節や足腰が弱い人には温水プールや温泉など、高血圧や肥満、高脂血症の人には、運動のための用具が整備されていたり、ウォーキングコースなどがある保養地が適しています。

第4に、保養地としての個性があることです。その土地の環境や歴史文化風土などはそれぞれの保養地ごとの特色・良さを生かした取り組みが必要です。

第5に、治療効果が医科学的に証明されていることです。保養地の特色ある治療法の治療効果が医科学的に証明されていると、保養客の利用する意義、確率が高まります。

第6に、工場や都市公害による汚染がないことです。どんなに治療上有効な成分や条件が備わっている保養地でも、大気や水の汚染など基本的な自然環境が整っていない場合は、滞在しても効果が疑問になるからです。

第7に、騒音と交通公害から隔離されていることです。素晴らしい森林歩道が整備されていても、すぐ横に幹線道路が走っていては騒音や排出ガスが気になるといったことで効果半減になります。騒音や交通が激しい場所では落ち着かず、状態がひどい場所では保養地にいるのに逆にストレスを感じてしまうことにもなります。

第8に、衛生上の配慮が十分にされていることです。温泉や食事の面での衛生対策が十分にされている場所である必要があります。

第9に、専門の療法医が常駐していることです。わが国では、保養地に関する専門医として「温泉療法医」という日本温泉物理医学会が認定する資格がありますが、ドイツでは自然療法に関する専門医の教育制度も整備されているので、保養地には自然環境や設備の整備だけでなく、それを有効に活用できるための人材としての「専門医」が整備されています。

最後に、有資格の専門療法士がいることです。専門医を整備しても、療法やケアというものは医師だけではできないので、協調して実施する専門療法士が必要になります。ドイツでは専門医の整備がされているだけでなく、その専門医と協調して療養を行う物理療法士のような専門の療法士の資格制度も整備されています。自然療法士やクナイプ療法士といった医師以外の専門家の教育訓練もしっかり行われており、安心してケアしてもらえる状態になっています。

自然療法は、欧米では実施率の高い療法のひとつで、森林を含む自然環境やその生態系を治療に利用した療法で、最も古く、最も簡単な治療法とされ、人の生命力を高めることで自然治癒力を引き出す療法です。

欧州における「自然療法」の歴史は古く、自然療法が鉱泉の湧き出る森林地域の治療所で水治療法と運動療法を中心に行う現在の自然療法となったのは19世紀のはじめでした。特に、ドイツでは「自然療法」と現代西洋医学の協調が進み、「自然療法」は医学部の必修科目であり、医師、国家試験の出題科目でもあり、通常医療の中に「自然療法」は位置づけられています。

欧州における代表的な「自然療法」の具体的治療は「水療法」で、鉱物資源の産地や健康によい温泉水や冷水の湧き出る場所で実施されています。ドイツでは、鉱泉の湧き出る場所を示すバートで始まる町名の土地が多く見られ、「水療法」には、様々な煎じ薬を混入した足湯や腕湯、座浴、蒸し風呂、サウナ、湿布や泥パックなどを行っています。

北米においては、ドイツで発展した「自然療法」は「森林浴」や「空気浴」をその治療手段のごく一部とするものに変化していきました。

北米の自然療法は、1985年にジョン・シールによって始められ、診療所や温泉の療養所に患者を滞在させ、自然食や断食、ハーブやマッサージなどによって生命力を増幅し、病いから自然回復を図る療法のことで、自然に存在する水や空気・太陽などのエネルギーを利用して、人の自然治癒力を間接的に高めるためのケアを中心とした療法でした。

森林療法の先進国ドイツをはじめとした欧米諸国では、自然療法が盛んに行われていて、森林セラピーはその一つの要素として位置づけられています。各地の森林には保養のための施設があり、行政や研究機関による協力体制も整えられています。また、保険の適用が可能であるなどの法的な支援もあることで、より人々が森林療法に親しみやすい環境となっています。

医療的保養の一つに森林療法が取り入れられているというスタイルは、これら欧州諸国の国々に見られる特徴で、いずれの国でも、もともとの自然環境を有効に利用した保養施設が整えられ、より自然に近い効果的な保養コースとなっています。

ドイツ国内には、自然保養療養地が３７４カ所存在しており年間１９００万人がそれらを訪れているといわれています。中でも、クナイプ療法の発祥の地「バート・ウェーリスホーフェン」には、毎年１００万人近い人が訪れています。この地の行政機関と民間の医療団体の間にはしっかりとした協力体制が取られており、これも、この地の自然療法が盛んな理由の一つだと考えられます。

世界の自然療法の先進事例の中でも「クナイプ療法」は、セバスチャン・クナイプ司祭(Sebastian Kneipp 1821-1897)によって提唱されたという自然療法です。ドイツ国内にはバート・ウェーリスホーフェンをはじめとした68カ所の保養地があり、これらにクナイプ医師連盟が調査・設計を行った森林散策コースがあります。また、保養地にある保養宿泊施設のすべてでは、医師が往診・常勤できる仕組みとなっています。

クナイプ療法の画期的な点は、社会健康保険が適用されるというところにあります。また、ドイツでは4年に一度3週間の保養を行うことが法的に認められていますので、これを利用してクナイプ療法を行う人も多くいます。さらに、病気予防を目的とした利用に対しても、時期を問わずいつでも自然療法を受けられるなどの柔軟な制度により、クナイプ療法は広く普及しています。

クナイプ療法

ヘルスツーリズムの歴史をみると、古代ギリシャ時代に「生命の泉」周辺には神殿が造られ、僧侶による治療が行われていました。古来、人は地上に湧き出る（温）泉を天与（神）の恵み、賜とみなし、崇めていました。洋の東西を問わず、古代・中世を通じて、温泉の湧き出る場所（温泉地）は、人々を癒やす場、争い事をおこしてはいけないアジール（避難所・平和領域）とみなされていました。近世ヨーロッパでは18世紀半ばの戦争時に交戦国が協定して、温泉地を中立地帯と宣言していました。その後、衰退した保養ですが、19世紀後半、医学の発達とともに、温泉や海という自然資源がもつ医学的な効果が科学的に証明されることにより復活し、中世以降のヨーロッパではドイツのバーデン・バーデンなど高級保養地への滞在スタイルとして発展してきました。

ヨーロッパでも他の領域と同様、まずは湧き水を有効利用することから始まり、ミネラル成分を含んだ湧き水を飲む健康法が生まれ、それが温泉の発見とともに入浴による健康増進法へと発展していきました。

19世紀の後半に、この澄んだ、新鮮な湧き水の治癒力に目をつけ、これを本格的な水療法、温熱療法という自然療法にまで発展させた人物がセバスチャン・クナイプ神父でした。

セバスチャン・クナイプは、1821年5月17日南ドイツのアルゴイ地方にあるシュテファンスリートという農村で貧しい織物職人の息子として生まれました。その後、その地で貧しい少年時代を過ごしました。

セバスチャン・クナイプの水療法のきっかけになったのは、『驚異なる水の治癒力』（ヨハン・ジークムント・ハーン著）という本との出会いでした。それによってクナイプは、古代から民間療法として伝わる水療法を知ることになり、身をもって体験することになります。11才の頃は織機の前に座り、父と共に働いていたギムナジウム（中高一貫校）在学中、重症の肺結核におかされていて、すべての医療も無益であろうと医師に宣告されていました。このような状態の時に、「水の治癒力」を自らの自分の体に試してみるべく、ドナウ川にとび込み、この療法を続けていくうちに、1849年から1850年にかけてこの療法で完全に健康をとりもどし、ミュンヘン大学を卒業することができました。

1852年、聖職につくことになり、1880年、バート・ウェーリスホーフェンの司祭となりました。

聖職者として働いていた彼は、しばしば病人と接する機会があり、病人から助言を求められた時に、彼自身が体験した「水療法」を推薦したのです。

セバスチャン・クナイプの特徴は、それまでの冷水浴に、温泉浴を加えたことです。これは、「温・冷」という刺激を交互に加えると、体がそれに順応しようと生体反応を起こすことに気づいたからです。このことがクナイプ自然療法の原点です。

セバスチャン・クナイプは1852年の8月にアウグスブルクのドーム寺院で、カトリックの司祭に任命され、1885年の8月2日には、バート・ウェーリスホーフェンのドミニコ派修道院に赴任し、人々の心の問題を癒やすこともありましたが、病気を癒やすことに全力を注ぎました。

当時、クナイプ自然療法は話題となり、その治療法と効果を一目見ようと医師が集まるようになり、冷水浴と温水浴に加えて、体力を引き出す療法として運動療法や、栄養に偏りのない完全食を目指した食療法、それに植物を利用した植物療法、心のバランスを生み出す秩序療法が組み込まれた総合的な療法へと進化していきました。

その噂を聞きつけ、1893年、オーストリア・ハンガリー帝国のヨーゼフ大皇がクナイプ神父を訪ねて、クナイプ自然療法で座骨神経痛を治すことができました。そのときのお礼として、ヨーゼフ大皇の助言で、一農村に過ぎなかったバート・ウェーリスホーフェンが保養地としての基礎を築き上げることができました。

このように、クナイプ自然療法はその当初から、人間というものを総体的に捉え、体と心とのバランスに重点を置いていたのです。

そして1886年には、セバスチャン・クナイプは『私の水療法』という本を出版し、これがクナイプ自然療法を伝える最初の資料となりました。

クナイプ自然療法は、「水療法」「運動療法」「食療法」「植物療法」「秩序療法」の5つの柱から成り立っています。

1　水療法

水療法は、温度や水圧、治療箇所、そして用途に応じて様々な100を超えるバリエーションがあり、一人ひとりの状態に合わせて行われます。

水療法の特徴ですが、体に「温・冷」という温度の異なる刺激を交互に加えることによっ

多可町にて腕浴をする筆者

て、この刺激に順応しようとする方向に働く生体反応を活性化する点にあります。水には、熱伝導性と保温性という二つの特性があり、特に、温度を体に伝える媒介として適しています。その「温・冷」を交互に使い分ける特徴を生かしています。

これによって、血管の膨張と収縮によって、血液循環の促進効果、新陳代謝がよくなり、体内に溜まっている不要物の運搬が活性化し、筋肉の緩和によって、体全体にリラックス感が生まれるなどの効果が考えられます。

2 運動療法

運動療法は、水療法と併用の形で行われます。ドイツでは、この療法を行う際には、医師の診断で患者の疲労指数を正確に把握して行われます。それは、一人ひとりの体力に応じた正確な処方を行わないと、せっかくの治療も害になってしまう危険性があるためです。具体的には、ウォーキングやサイクリングや体操のように、持久性のある軽い運動が行われています。例えば、激しい運動をさせるのではなく、ウォーキングなどの有酸素運動で、1分間の脈拍数の上限が「180－年齢」の範囲内に収まる程度の1日当たり1時間の運動量を目安としています。

3 食療法

クナイプ自然療法における献立は、医師と料理長が相談しながら提供しています。まずは、カロリーが十分あるということ。体に必要な栄養素がバランスよく含まれていること。有害物質が含まれていないなどを配慮した完全食が提供されています。これには体に必要なビタミン、ミネラル、繊維質、酵素、適量な脂肪酸などがバランスよく入っているることが前提条件になっています。次に、体内の老廃物を取り除く食事、特別ダイエット食、断食のための食事、糖尿病のための食事、減塩食などが提供されています。

4　植物療法

セバスチャン・クナイプは、長年にわたって、薬草の研究をしてきました。今では、ハーブ茶をはじめ、薬草のエキスを錠剤にした多種多様の薬が市販されるようになりました。

植物療法というのは、植物から生成された薬用成分を用いた療法ということですから、このなかにはモルヒネやアルカロイドやコルヒチン、それにディギタリスも含まれることになります。しかし、クナイプのいう植物療法は、効用の穏やかな薬草を使用しています。植物療法は、単独で行うものではなく、あくまでもクナイプ自然療法の枠組みのなかで行います。

5　秩序療法

秩序療法は、身体と心のバランスに重点を置いています。セバスチャン・クナイプは、「秩序は、節度のなかにある。したがって、多過ぎても、少な過ぎても、この枠を超えたところには健康はなく、病気があるのみである」と述べています。また、「健康で長生きしたいというのは、誰しも願うことだが、そのために何かをしようという人は実に少ない。今の人間を見ていると、まるで、みんな病気になるために生きているようだ。人間がこのことに気づき、その半分の努力と理解を健康づくりに費やしていたなら、今ある病気の、少なくとも半分は未然に防ぐことができたはずである」とも述べています。

やはり重要なことは、自律神経系のバランスを取り戻すことなのです。そうすれば、健康づくりに対する意識も高まり、あくまでも健康は自分自身でつくり上げていくものだという教育的効果も上がるわけです。

このようにして、クナイプ自然療法は水療法から始まり今日まで長い歳月の間受け継がれてきました。

クナイプ療法の研究成果

1972年に、ガーダーマン博士とユンクマン博士が、フォルクスワーゲン社における「心臓・循環器系疾患及び呼吸器系疾患におけるクナイプ療法の治療成果に関する調査研究」を行いました。内容は、患者481名でラウターベルクにて4週間実施され、療養前

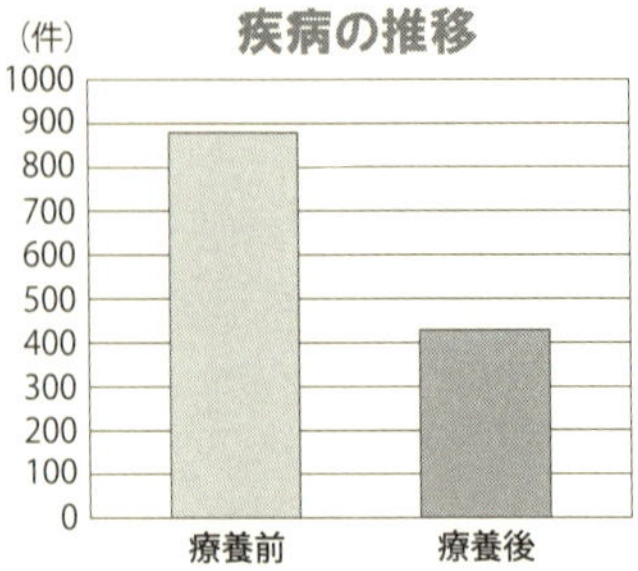

表２：療養前後の疾病の推移

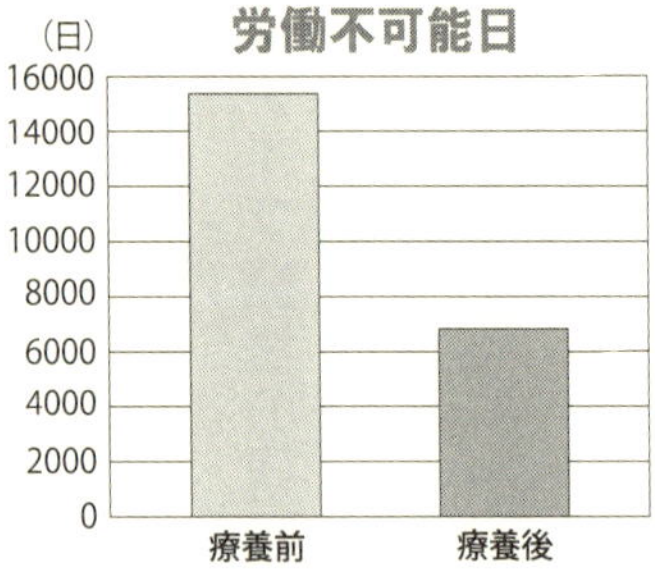

表３：療養前後の労働不可能日の推移

２年間の労働不能・疾病数と療養後２年間の労働不可能・疾病数を比較したものです。プログラムは、個々の患者の循環器の状態に応じて注水、温冷水交互注水、部分浴、全身浴の形で行われました。メニューは運動トレーニングおよび緊張緩和トレーニング、ビタミンとたんぱく質の完全食品でした。結果は、療養前後２年間の労働不可能日（表３）が55・２％改善され、疾病数（表２）が63・７％改善されました。

　クナイプ療法の一番の特徴は、保養客に健康は自分の手で作るものという意識を目覚めさせ、その効果が持続するように訓練する「お持ち帰り療法」にあります。

気候療法

日常生活と異なった気候環境に転地して疾病の治療や休養、保養を行う自然療法です。結核患者が体によい高原や海岸へ移って療養する「転地療養」（転地療法）は気候療法ともいえます。気候療法は、「気候的保護作用（転地によって心身を有害な環境から隔離、保護する）」「気候的刺激作用（新しい気候環境に身体機能が適応していく中で、生体防御能力トレーニング、病気の治療や予防、健康増進につながる）」の２つの生体への作用をもとにしています。

例えば、蒸し暑い場所で風がふくと気候的保護作用になり、高山で冷たい風がふくと気候的刺激作用になります。気候療法は、運動療法や食事療法、物理療法（温熱療法、水治療法、マッサージ等）などを併用する総合的な自然療法であり、広義には地形療法、森林療法、海洋療法（タラソテラピー）、温泉療法など、「気候性地形療法」、「温泉気候療法」といった複合的な呼び方がされる場合もあります。

阿岸祐幸氏は、生気象的な観点から気候療法に用いる保養地の標高を低地（０～３００

m程度)、中高地(300〜1000m程度)、高地(1000m以上)に区分し、その生体作用との関係について、海抜300mくらいまでの低地平原では、保護性の気候要素をもつ保養地が多い。身体には全体的に鎮静的に働き、①交感神経系の緊張度を下げ、リラックス系の副交感神経系の活動が優位になる、②心拍や呼吸機能が穏やかに低下する、③新陳代謝が低下し、身体からの産熱量が減少する、などの作用が見られる。

海抜高度が300〜1000mくらいの中高地では、なだらかな丘陵地帯や森林が多く、山里や森林がつくり出す特色ある穏やかな気候があり、多くの人たちに利用される。この気候は一般に保護性気候でリラクゼーション効果が強い。このため、ほとんどすべての症状や軽症の病気に適している。

海面から1000m上昇する最も特徴的な生気象学的要素は、気温・湿度の低下、風速の増加、酸素分圧の低下、強い紫外線などだ。海抜800m以上になると、気圧や酸素分圧が低下するとともに、きれいな空気によって呼吸は深くなり、呼吸量が増えると心拍数も増加して血液循環が活発化する。造血機能も刺激されて、赤血球の数が多くなる。胃腸の働きも軽く刺激されて、食欲が増す。このように高地・高山では、複雑な地形、風光、気象条件が、身体に刺激的に作用する。代謝が亢進して、運動量が増加し、身体全体の生命活動の水準が高まる。と述べています。

地形療法

自然環境を利用して歩行運動（ウォーキング）を行うことによって健康・体力づくりと保養に資することを目的とする療法です。これは、気候療法と運動療法を組み合わせ、相互に補完しあう療法で、気候療法あるいは運動療法で、「気候性地形療法」、「運動型気候療法」といわれることもあります。

地形療法では、冷たい風（冷刺激）を受けて血液循環機能アップ、体温調整機能アップ、太陽光（適度な紫外線）を得て、ビタミンD活性化（骨形成）、皮膚炎改善、気分の改善、可視光線（光）から体内リズムの整調、睡眠ホルモン生成、清浄な空気から気管支疾患改善、アレルギー改善の効果が期待されます。

地形療法の適応症は、循環器疾患（心筋梗塞などの虚血性心疾患）のリハビリテーション、気管支喘息、アトピー性皮膚疾患、アレルギー性疾患（皮膚炎、喘息、花粉症）、骨粗しょう症、運動不足、季節うつ病です。

地形療法の実際

ドイツ・バイエルン州、山岳保養地ガルミッシュ・パルテンキルヘンは、ウインターリゾートとして有名な保養地で、気候療法、地形療法の保養地として年間100万泊以上のクアオルト（健康保養地）としても有名です。そこには総延長350㎞のウォーキングロードが整備されています。

治療や保養で、傾斜のある斜面コースを処方によって決められた運動負荷法で歩く療法で、運動持久力の向上と有酸素運動機能を増加させることを目的にしています。

地形療法は、持久運動、気候刺激、休養・リラクゼーション、理学療法、健康教育の5つの要素で構成されています。各個人の特性に合わせて実施レベルを調節することを基本にして、負荷（運動や鍛錬）と休養を交互に繰り返すようなものになっています。

持久運動は、呼吸循環機能を鍛える全身運動であり、心臓リハビリテーションにとっての最適な治療法になります。参加人数は最大8名で、負荷強度による難易度でクラス分けされた「テラインクア（斜面のある歩行）コース」が33カ所整備されています。これらのコースの距離、高低差、難易度、特徴などをまとめた地図と解説書が作成されて、市内の案内所で購入することができます。

持久力とは、有酸素運動時間をできるだけ延ばすことで、その能力の向上効果をみるために、適切なトレーニングになるように心拍数を基準とする運動強度を設定し、週に3～4回、1回30～40分間以上の運動を3～4週間続けて行い、開始前と終了後を比較します。その時の運動強度として最大酸素摂取量65％が必要で、有酸素運動から無酸素運動へ移るゾーンで、その境での心拍数を持久力トレーニングの心拍数の目標とします。50歳以下であれば約130／分になり、50歳以上であれば約180マイナス年齢の数値となります。

テラインクアは、体操、ストレッチング、リラクゼーションなども併せて行い、持久力トレーニングの効果があるだけではなく、自然を満喫しながらグループで行うため、野外のさわやかな自然の中で行うので気分もよくなります。

また、暑い日には冷刺激としてテラインクアのコースの途中で、水治療として行う部分浴の腕浴や歩行浴を行います。腕浴は腕を曲げて肘まで谷水などの冷水に短時間つけ冷を取ります。歩行浴はふくらはぎぐらいの深さの冷たい水の中を歩きます。その時の運動、天候、周囲の状況に合わせて袖をまくったりなどして、衣服の調整をして行います。このとき温度が下がるのは身体の表面だけであって、身体の中まで冷えることはありません。この鍛錬ではちょっと冷たい〝軽い冷たさ〟を感じることを目標としますが、それは寒くなるほどではなく、歩きながら快適に感じる程度の冷たさです。

「テラインクア（斜面のある歩行）コース」は、風の通り道、日陰などを考慮し設定され、高地にあるため、軽い低酸素刺激を受け、〝軽い冷たさ〟で、身体を冷やして鍛錬をする心肺トレーニングになります。こうした気候の要素（風、高度、冷たさなど）を意図的に利用して、同時に抵抗力をつける鍛錬を行う気候刺激を受けることができます。

テラインクアを受けたいときはホームドクターの処方を得て、現地でまず地形療法専門の保養地療法医の診断を受けます。療法医は疾患名と治療に適切な運動量を決めるため、運動負荷試験を実施、禁忌症などを判断します。その情報を基に、気候療法の専門職であり、医師、理学療法士、運動療法士など医学的な専門知識を持ち、気候学や地形療法についての特別な専門教育とトレーニングを受け、一定の資格試験に合格した気候療法士が季節、天候、患者の体力を考慮してプログラムを確定します。

保養地での気候療法士は、運動療法（リハビリテーション、プールでの水中運動、理学療法を含む）、心理療法（リラクゼーション、自律訓練法、瞑想など）、レクリエーションの指導も行います。歩行時には、身体の反応を定点的にあるいは随時、心拍数、血圧、皮膚の表面温度、自覚的温度感覚を測定し、安全性と効果に気を配りながら全コースを管理します。

横臥療法

1892年当時のスイスのホテルで「リーゲクア（横臥療法）」という、太陽光をよく浴びながら寝椅子に横たわって安静にするという結核療養のプログラムがありました。そして必ず横臥する向きは、より太陽光を温かく取り入れられるように南向きと決まっていたので、建物も南向きに長くなっています。

横臥療法を考案したのは、カール・トゥルバン（1856―1935）という医師で、自身の名を冠したサナトリウムを1889年に開業し、その横臥療法ホールには、長時間横たわるのに適した特性の寝椅子がずらりと並べられていました。ダヴォスの結核療養サナトリウムを舞台とするトーマス・マン（1875―1955）の小説『魔の山』（1924年）に、横臥療法について、詳しく書かれています。

その施設には、全個室に寝椅子のおける幅のバルコニーが付き、食事や診療時間以外のほとんどの時間は、日没後も含めて、患者はここで横たわって日々を過ごしました。外で過ごす時間が多いため、真冬は毛布で身体をぐるぐる巻きにして横臥療養をしました。極寒の冬のアルプス山中のサナトリウム滞在はオフシーズンで、軽度の患者の場合は、冬は避寒も兼ねて海浜の気候が結核に有効と考えられたフランスのコートダジュール、イタリアのリヴィエラ海岸のホテルで過ごしていました。

ヨーロッパ諸国の温泉療法

ヨーロッパ諸国では、古代から温泉を医療に利用していて、「パルネオテラピー」（温泉療法）と呼ばれてきました。しかし、単にパルネオテラピーといっても、現在ではその内容は、国によってずいぶん異なり、国際温泉気候医学会（ＩＳＭＨ）が数年前に行った調査によれば、ドイツなどの中央ヨーロッパでは「自然湧出の温泉を医療や健康づくりに利用すること」で、フランスでは「水を利用した治療法」一般を指し、アメリカでは「水を利用しての運動療法」を意味していました。

温泉療法

温泉療法は、温泉病院で医師の管理の下で行う慢性病の治療やリハビリテーションなどの「狭義の医療的温泉療法」と、温泉を健康づくり、病気の予防・保養に活用する「温泉ウエルネス」に分けられます。

これからは、温泉ウエルネスが、社会的に大きな意味をもつようになると思われます。受け入れ側は、多くの人が楽しみながら、しかもウエルネスや美容効果が望めるメニューや企画を用意して、運営の努力が必要になります。ある一定の期間温泉地に滞在して、温泉浴と同時に各種の水治療、マッサージや温熱療法のような理学療法、温泉プールでの水中運動や屋内外でのレクリエーション的な運動・スポーツ、食事療法、心理的リラクゼーション法なども取り入れた複合療法を行います。

健康づくりに必要な休養・運動・栄養の三要素と、自然環境（温泉、海、高原、山岳、地形など）や、社会的環境（文化的あるいは伝統的行事、観光資源など）を組み合わせて総合的に活用しようとする志向が強まっています。

休養とは「休み」「養う」ことで「休」は、ものごとの進行をいったん止めることで、心身を安らかにするという意味もあります。「養」は、命を育むために食事を与え、活力を長続きさせるようにするという意味が含まれています。

「休み」は、労働や運動からの解放で、生産的作業ばかりでなく、家事から離れることも含みます。休みで得られる時間に「養う」機能が加わって、はじめて「休養」になります。休養とは、1～3日程度の期間で、日常の生活で生じたストレスや疲労を取り除くことが目的となり、保養とは、1～3週間ほど滞在して、休養に加えて体力増強や健康増進を目的に、積極的に活動のために体調を整えることです。

そのような中で、効果的なものが温泉療法です。温泉地に転地し、しばらく滞在し、快適な環境の中で、温泉浴やぐっすり眠る「受け身の休養」、さらには散歩をしたり、神社仏閣や観光スポットを訪れたり、競わないスポーツをしたりといった「積極的な休養」によって、ストレスが解消され、気力や体力を養うことができます。

健康保養地

日本とドイツは温泉の国ともいわれています。日本の方が温泉資源は豊富ですが、どちらかというと心のリラックスと楽しみという利用の仕方です。ドイツでは、健康と保養のための利用が主流で、国民健康のために欧州一の温泉療養システムを作り上げています。歴史的にもバーデン・バーデンは、ローマのカラカラ帝がリューマチの治療のために湯治に訪れたほどで、当時の遺跡も残っています。日本では、ドイツの浴場施設をモデルにした「クアハウス」というものが建てられていますが、ドイツでは治療施設ではなく、湯治客が楽しく過ごすような交流センターを意味しています。

クアオルト（Kurort）はドイツ語で、クア（Kur）が「治療、療養、保養のために滞在すること」を、オルト（Ort）が「場所」を意味しています。そのため、治療、療養・保養のための滞在する場所という意味があります。「温泉気候保養地などに中長期滞在して、療養・保養をする」という意味もあります。日本語にすれば「療養地」ということになります。

ドイツの温泉町名に「バート」がついているのは、町全体の質など一定の審査をクリアした町に与えられた肩書なのです。「バート」というのは英語のバスと同じ意味で、湯治場を表します。

ドイツは自然治癒力のある鉱泉を近代医学に結び付け、国民の健康のために、温泉治療を社会保険で保障する制度を確立しました。当時は医療保険がリハビリや疾病の温泉療養費用をカバーしてきたこともあり、社会医療保険でやってくる湯治客で成り立っていましたが、1997年頃医療費の高騰と財政緊縮により医療保険の給付抑制策が導入され、療養湯治客は減少の一途をたどり疲弊しました。現在では、温泉療法に対する健康保険はかなり限られた患者にのみ適用されています。

患者が保養地での温泉気候療法を希望する場合は、家庭医らの診断書や助言のもと、健康保険審査医の審査を経て保養地が指定されます。保養地では、個人負担はありますが、滞在期間中の治療費、滞在費に保険が適用されます。温泉療法医が診察し、療養期間3週間の療養全体の具体的な処方を受けてから療養生活に入ります。

最近では、保険適用の制度を利用すると、保養地を自分の希望で自由に選択できないなどの制約があるため、温泉療法を希望する人でも、受益者負担で自分の希望する温泉保養地へ行く人が多くなっています。また、最近の滞在期間は10～14日程度とされていますが、ウエルネスとして温泉保養地での保養生活を楽しもうという人が増えており、受け入れる保養地側もより楽しく、1日でも長く滞在してもらうようなアイデア、システム、施設を整えるようになってきています。

ドイツのクアオルトは、自然の治療薬を活用する病院や治療の施設があり、医療保険が適用されるほか、大きな保養公園や人が交流する施設、景観形式や環境保全など、様々な条件を備え、街全体が一つの医療センターのような機能を持った仕組みになっている長期滞在型の保養地で、法律で国が認定した「地域」です。

クアオルトは、「地下物質（温泉、鉱泉、泥、ガス等）、海、気候などの自然条件が病気の治療・予防に適することが、科学的・経験的に実証されている場所」（ドイツ温泉協会）と定義しており、ドイツには、州ごとの独自性から各々異なる様々な法律があり、クアオルトの認定に関しては、各州が定める法律の基準があり、州から認定されているクアオルトが３７４カ所（２００７年）あります。

ドイツ治療湯治場連盟年報の統計数値（２００９年）によると、２００７年での認定された称号の数は、温泉が１５３、泥が56、海が91、気候が68、クナイプ方式が68で、合計

436の称号が与えられています。クアオルトの数は374カ所ですから1カ所のクアオルトで複数の称号を持っているということです。

クアオルトの定義

クアオルトには、保養や療養を目的に沿った特定の治療法を行う施設・設備が必要で、温泉気候療法医が常駐し、その自然の治療素材の適応と禁忌が明示されているなど、厳密な基準があります。

①療養要因

病気の治癒、緩和、予防に効果のある自然治癒自然薬剤もしくは自然療養手段があることで、土壌（温泉やモール泥療法を主として行う）、気候（森林、山岳などの気候や地形を治療素材とする）、海（海岸で海洋性気候、海水を用いる）、クナイプ方式（19世紀半ばにS・クナイプ神父が創設した伝統的な水治療法で、クナイプ療法は水療法、植物療法、運動療法、食療法、秩序療法の5つからなり、疾病や痛状に応じて1人ひとりに合わせて行う）の4つに分類されます。

②生気象（生体に及ぼす気象・気候の影響と良い空気）、③一般要求条件と特別要求条件、④環境保護、⑤医学的に鑑定された適応症・禁忌事項などを備える必要があります。

ドイツ治療湯治場連盟（２００５年）によると、土壌、気候、海、クナイプ方式の４つを医師や利用者がわかりやすいように11に細分化しています。「土壌」は、ハイルヴァッサー（Heilwasser・療養水）の水質に応じてさらに分類されます。一定の鉱物を含有していると「ミネラール（Mineral）」。湧出温度が20度以上であると「テルマール（Thermal）」。一定の鉱物を含有し、湧出温度が20度以上であれば、「ミネラール・テルマールハイルバート（Mineral Thermalheibad・鉱泉温泉治療湯治場）」となります。

その中で、泥を利用した治療浴がありますが、酸性で腐敗していない特別な泥を、木やゴミなどを取り除き、温泉水で溶かした中に入ります。温度は40～42度程度で20分くらい入り、泥を流してから、ベッドの上で毛布にくるまって30分程度休憩し、体の芯まで温めたくさん汗を出すものです。泥炭治療浴では、最初に問診し、血圧の高い人や心臓に疾患のある人は、入浴できないこともあります。泥炭浴は、サウナと同じく、水着なしの裸で治療が行われます。

気候とは、ある場所を長期間観測した時のその土地の平均的な天候の傾向を指します。その気候の中でも、冷気と風、太陽光線（骨を作るのに重要なビタミンDの生合成）、可視光線、大気純度が高いことやアレルゲンがないこともしくは少ないことなどの気候の要素を治療に活用しているものが、「ハイルクリマーティッシャー・クアオルト（Heilklimatischer Kurort・治療気候療養地）」となります。

健康保養地の構成要素

クアオルトは、基本的に以下の設備で構成され、長期滞在型の地域となっています。

●クアミッテルハウス（Kurmittelhaus・療養処方の施設・クリニックの場合あり）
治療を実施する場所で、主な施設は温水プールで、水着を着けてだれでも利用できます。療養客はセラピストに従って、水温の違う浴槽やジャグジー、ジェット水流マッサージなどの水中運動ができます。さらに療養客用に水中マッサージや泥土浴等の物理療法を施す部屋があり、温泉地の療法医師の処方にしたがってセラピーが行われます。

●クアハウス（Kurhaus・保養公会堂）
滞在する人々や地域に居住する人々が交流し、コンサート、演劇、会議や展示会等を開催する施設。クアオルトの中心的施設で、保養客のコミュニティセンター的な建物。安静休憩室、読書室、集会室、音楽会場、レストラン等が入っています。

●クアパーク（Kurpark・保養公園）

滞在する人々や地域に居住する人々が散策して楽しむ公園。自然の景観と地域特性を生かして、芝生、樹木、草花を配し、その中を遊歩道が縫い、音楽堂、飲泉所などが配置されています。

●トリンクハレ（Trinkhalle・飲泉施設）・温泉を飲む施設

これらが温泉を主とするクアオルトの中核施設で、この周りにクリニック、ホテル、ペンション等が散在しています。

クアオルトの敷地やその周辺には、テニス、ゴルフ、乗馬や釣りなどを楽しむために、様々な施設が設けられています。地形療法のための歩行路も整備されており、クアホテルやペンションが立ち並び、この中に医師や専門の理学・作業・運動療法士を配した治療施設・リハビリテーション外来を併設している温泉保養地も多くあります。

韓国におけるヘルスツーリズム

日本政府観光局（2014）によれば、韓国では数年前から心と体を健康にするウエル・ビーイング（Well-being：幸福、健康）、最近ではヒーリング（Healing：癒やし）という言葉がブームになっています。激しい競争社会で仕事のストレスで疲れた現代人が、豊かな生活や身体的な健康よりも、固く閉ざされ、冷たくなってしまった精神や心を癒やすことがより大切という認識が背景となっています。

韓国の首都ソウルは世界的にも大きな都市のひとつであり、韓国人口の約2割が住んでいます。ソウルは周りを北漢山（プッカンサン）はじめ山に囲まれており、電車で30分行くと登山できます。ソウルの北側に位置する北漢山（プッカンサン）国立公園は四季の景色が美しいところで、「単位面積あたり、最も多くの旅行者が訪れる国立公園」としてギネスブックにも記録されています。また、韓国人は登山を一種の社交行事として認識しています。老若男女を問わず、群れを成して頂上に向かって山に登り、途中一休みをして、ともに弁当を分かち合い楽しい時間を過ごしています。また、週末に一緒に登山をし、下山後ふもとの居酒屋でお酒を酌み交わすという文化が存在しています。

ソウル近郊にある山の周辺や高速道路のサービスエリアでは、登山服と登山装備を販売している店を多く見かけます。韓国のどこの山に登っても、ほとんどの登山者が専門の登山靴や登山服で身を包んでいることに驚かされます。実際、韓国からの訪日観光客の多くが、普段着ではなく、アウトドア用の服を着ていることを目にします。アウトドア産業の成功は韓国における登山人口の規模が影響しているようです。

１９９７年のアジア通貨危機において、経済は大きなダメージを受けました。その際に、手軽で経費のかからないレジャーとして、それまでも盛んであった登山やトレッキングを楽しむ人が増えたといわれています。それから10年、２００７年9月に済州島に「済州オルレ」（トレッキング）が本格的に始まり、多くの韓国国内から済州島にオルレを楽しみに行くようになり、そのブランドは一気に浸透しました。九州観光推進機構によると、済州島を訪れる旅行者は年間７００万人前後で推移していますが、そのうち約２００万人がオルレを目的にしているそうです。

チャールズ・シュアーによると（２００９）、２００8年に開かれた「韓国登山支援センターのシンポジウム」において「いちばんやってみたい余暇活動」は、登山と答えた回答者の割合が、２００１年と２００８年の比較において男性4・5％から43・5％、女性5・5％から35・6％に急増したことがわかりました。２００８年の調査によると、韓国では1カ月に1回以上の登山人口が１５６０万人、18歳から69歳の成人男女３５７０万人の44％が登山を楽しんでいます。このうち専門的な登山人口は20％、トレッキング人口は79％を占めており、うち３０００人程度が日本へ行くと推定されています。（日本政府観光局　２０１４）。笹川スポーツ財団（２０１１）の調べによると、韓国で主に実施されているスポーツ活動は、1位ウォーキング（31・9％）、2位登山（16・2％）で、韓国では身近にスポーツを楽しむ傾向がうかがえます。

九州オルレ

九州は韓国と最も近いところで、釜山から約２００㎞南に位置します。韓国にとって九州は、安い旅行先というイメージでした。それを変えるための新たな取り組みとして、九州オルレが始まりました。

国土交通省九州運輸局（２０１４）の主要国・地域から九州への外国人入国者数調査に

よると九州を訪問した外国人旅行者数は167・5万人で、そのうち韓国からの旅行者は85・6万人（51・1％）を占めます。2014年における全国の訪日外国人旅行者数に占める韓国人が275万人（20・5％）であることから、九州への韓国人旅行者の比率が高いことがわかります。しかし、韓国では九州が「安い旅行先」と捉えられていました。このイメージを払拭するために、「済州オルレ」のブランド力を活用し、九州観光推進機構が新しく取り組んだのが「オルレ」でした。

「オルレ」とは韓国・済州島で始まったトレッキングの名称で、「通りから家に通じる狭い路地」を意味する言葉です。2012年2月には、九州観光推進機構が済州島と提携し、4コースを開発し開始しました。現在（2016年5月時点）は、17コースあり、訪日韓国人団体客と個人客とを合わせて累計で約8万1650人が九州オルレを楽しんでいます。

オルレのコンセプトは、登山まで本格的でなくトレッキングと散歩の中間に位置する「少し大変だけど老若男女が歩ける道」です。ルールは、手元の地図や資料を見ながら歩くのではなく、矢印やしるしに沿って歩き、景色を見ながら前を向いて歩きます。オルレは、景色を見たり、観光場所で立ち止まり、横道にそれたり、食べたり、体験したり、歴史に触れたり、生活空間（裏道）に寄るなど、寄り道をしながら目的地を目指す、その過程を楽しむという点が特徴です。そのために、ルールは非常にゆるやかで、コースの途中離脱や途中からの参加も問題なく、時間制限も順位を付けることもない手軽に取り組めるヘルスツーリズムです。

参考文献

『クナイプ自然療法（下）保養地療法の実際と意義』（今井良久　東京経済　1994年）
『気候療法入門』（アンゲラ・シュウ　パレード　2009年）
『観光大国スイスの誕生』（河村英和　平凡社新書　2013年）
『ヘルスツーリズム概論』（羽生正宗　日本評論社　2011年）
『クアオルト・Kurort入門』（気候療法・気候性地形療法入門　小関信行　書肆犀　2012年）
『温泉と健康』（阿岸　祐幸　岩波新書　2009年）
『観光学大事典』（香川眞編　木楽社　2007年）
『森林療法ハンドブック』（降矢英成　東京堂出版　2005年）
『ヘルスツーリズムの手引き―平成21年度ヘルスツーリズム推進事業報告者』（日本観光

協会）
『九州の外国人入国者数の推移について』（国土交通省九州運輸局　２０１５年）
『登山愛好家になった韓国民』（KOREANA 夏号　チャールズ・シュアー　２００９年）
『スポーツ政策調査研究報告書』（笹川スポーツ財団　２０１１年）
『１からの観光事業論』（高橋一夫・柏木千春　碩学舎　２０１６年）

第3章

日本における
ヘルスツーリズム

現在わが国の医療費は、39兆円にも及んでおり、医療費の削減が重要な国策に挙げられています。ヘルスツーリズムは、健康の維持や病気の予防、リハビリテーションなどの面での利用が期待されており、利用の仕方次第では、医療費の削減の可能性を秘めています。実際に、ドイツでは、自然や森林を利用したセラピー活動が健康保険の対象になるなど、医療の一形態に位置づけられています。諸外国を見渡せばヘルスツーリズム先進国はすでに存在し、日本でもこの分野が認められつつあります。日本では健康保険の適応とはならないが、様々なエビデンスを積み上げていくことにより、将来的には、予防を中心としたヘルスツーリズム先進国が実現できるのではないかと考えます。

最近では、ヘルスツーリズム先進地と企業が提携して、企業・健康保険組合等が取り組む様々な事業における、従業員・組合員の心と身体の健康づくりに活用するケースが出てきています。

特に、メタボリックシンドローム予防やメンタルヘルスケアは、医療・保健要素が強くなると、従業員・組合員は自主的に参加しにくい、という声も少なくありません。

その中で、ヘルスツーリズムは、誰でも気軽に楽しみながら、リフレッシュや癒やしという「心の健康づくり」、あるいはフィットネス等の運動や食事等の生活リズムの改善といった「身体の健康づくり」のプログラムを、新しいアプローチから提供することができます。

心と身体の健康づくり（保健事業）社員研修・教育（人材開発事業）など、想定される事業として、メタボリック予防やメンタルヘルスケアとして「一次・二次予防プログラム」の提供。人間ドック（健康診査）と保健指導が一体となった「一次・二次予防プログラム」の提供。新入社員研修や人材開発等のテーマ研修内での「一次予防的プログラム」の提供。管理監督者のラインケアに向けた「メンタルヘルスケア研修と一体となったプログラム」の提供。社員・個人旅行（福利厚生事業）協定保養施設（福利厚生事業）では、想定される事業として、コミュニケーション促進に向けた社員旅行における「一次予防的プログラム」の提供。従業員の家族等の観光・交流の一環としての「一次予防的プログラム」の参加奨励。また、森林セラピー基地等の「森林セラピー・プログラム」が提供可能な保養施設との保養施設協定。森林セラピー基地等での「森林セラピー・プログラム」が提供可能な組織とのプログラム利用協定などが考えられます。

一方、米国においては、「代替医療」への関心が、近年急速に高まっており、東洋医学などの伝統医学、ハーブ、漢方などが医療に及ぼす効果についての研究が活発化しています。半面、西洋医学だけに基づく医療行為は、医療全体の50％を割ろうとしています。

またドイツでは、１００年以上にわたる経験則の集積から、効果的な自然療法プログラム（森林浴含む）がすでに用意され、専門の資格を持った医師や療法士が全国３５０に及ぶ保養地で治療に当たっており、この療法には健康保険制度が最長13日まで適用されています。ドイツ人にとって、自然療法をそういった保養地で受けることは、権利として定着しているようです。例えば、人口1万５０００人の小さな町「バート・ウェーリスホーフェン」には、70人の医師と２８０人の療法士がいて、年間７万人の保養客（平均滞在日数13日間）を支えています。この町では、実に６割の人たちが保養関連業務に就くなど、セラピーが主幹産業として、町全体を支えています。

世界有数の森林国日本においても、このように自然資源をセラピーに活用していくことは、高齢者の健康維持・増進やリハビリテーションにとどまらず、ストレスを抱える多くの人たちへの癒やしにもつながる可能性があります。

国内では、ドイツのような本格的な中長期滞在が可能な状況ではないものの、ヘルスツーリズムの先進地である和歌山県田辺市「熊野古道健康ウォーキング」、山形県上山市「かみのやま温泉クアオルト健康ウォーキング」、熊本県天草市「天草ヘルスツーリズム」などで健闘している地域があります。この章では、各地の様々なヘルスツーリズムの取り組みについて紹介していきます。

ホテルヴィレッジの「朝の森林浴散策」

日本一の湯量の群馬県草津温泉にある「ホテルヴィレッジ」は、3つの源泉を唯一体験でき、ドイツ風の温泉施設と日本古来の湯治施設が一緒になった温泉体験パーク「テルメテルメ」があるホテルです。そこに、毎朝実施する名物イベント「朝の森林浴散策」があります。

私が学会でホテルヴィレッジに宿泊していた時、ロビーで気なる看板が目に入りました。図1「朝の森林浴散策」参加無料と書いてありました。早速、参加することにしました。翌朝7時にロビーに集合

図1：ホテルロビーにあるポスター

すると平日にもかかわらず100名近い方々が参加していました。この森林浴散歩は、草津森林療法協議会が整備した森の癒やし歩道を歩きます。ホテルの敷地外周の緑豊かなベルツの森を巡る1周2・5㎞の森林浴散歩コースです。このコースは、過去数回、天皇皇后両陛下がホテルに宿泊された時に、毎日この森を散歩されたそうです。そこで、ロイヤルロードという名前が付きました。ガイドの方も案内の途中で「この木は天皇が触られた木ですよ」と言うと参加者が挙ってその木に触れるという場面もあり、気持ちよく楽しく歩けるコースです。その影響かその木の樹皮が磨き上げられ輝いているのが印象的でした。また、途中で参加者全員の記念写真を撮りホテルに帰った時にはフロントにて1枚500円で買えるというサービスも行っていました。その時は20枚ほど売れていたようなので1時間で1万円の収入というのは、良いアイデアではないでしょうか。この朝の森林浴散歩は、過去10年間に1万名を超える参加者があります。この散歩を目的に宿泊されるお客様もおられる人気のアクティビティです。このように、ホテルの朝食前の時間を利用したアクティビティを実施するのもホテルへの集客と健康増進につながる取り組みになるのではないでしょうか？

神戸ポートピアホテルの「朝の森林浴散歩」

神戸ポートピアホテルと神戸山手大学西村研究室が、2014年6月から毎月第1水曜日に「朝の森林浴散歩」を実施しています。7時30分にホテルロビーに集合し、ストレッチを行った後、丹田式呼吸法や「ソロ」といった樹木下で行う瞑想など1時間ほど。南公園まで2㎞のウォーキングです。

神戸ポートピアホテルがあるポートアイランドは、神戸港内にある人工島で1981年に完成し「ポートピア81」が開催された島です。

草津温泉での学会から帰り、神戸のホテルでも同様の散歩ができないか、大学があるポートアイランドを調査したところ、神戸ポートピアホテルの隣に「南公園」があり、当時に植樹した公園の木々が成長し素晴らしい森になっていました。早速、学生たちと森の癒やし効果を検証したところ、良い結果を得ることができました。そこで、草津温泉ホテルヴィレッジの「朝の森林浴散策」を参考に、神戸ポートピアホテルに「朝の森林浴散歩」の提案をすることにしました。すると「どんなものか体験をしたい」ということでモニターを

図２：丹田式呼吸法の様子

実施することになりました。それから、ゼミ生にガイドのやり方などトレーニングを重ねてモニターに挑みました。結果は、参加されたスタッフ方々からの反応は好評で、早速取り組むことになりました。

「朝の森林浴散歩」のモデルは、群馬県草津温泉で15年間以上１万名の参加者を集めて毎朝実施されている森林セラピーの無料イベントです。朝の森林浴散歩で使用されるロイヤルコースは、天然記念物の「ニホンカモシカ」に出会えるかもしれないという人気のコースです。このモデルを参考に、学生たちはウォーキングプログラムを開発し、ポートピアホテルのスタッフにプレゼンテーションし、実施することになりました。

「朝の森林浴散歩」は２０１４年７月２日以来、毎月第１水曜日の朝７時半から８時半まで無料で実施しています。宿泊客や地域住民など誰でも参加でき、２０１６年２

図３：ソロの様子

月までの参加者は２８４名で、主に中高年、男女はほぼ同数でした。遠くは、東京、名古屋から「朝の森林浴散歩」を目的に参加されたお客様もありました。

私たちは、朝の7時に神戸ポートピアホテルの本館一階に集合し打ち合わせ後、出発前には参加者が怪我しないように全員でストレッチを行います。コースの説明をし、歩く途中で丹田式呼吸法（図2）とソロ（図3）を行います。解散前にも全員でストレッチを行います。

丹田式呼吸法（図2）では、お臍に意識を集中したうえで、息を吸いながら、お臍の前に合わせた両手を真上に頂点まで上げ、そのあと息を吐きながら、ゆっくり腕を外側に回して下ろし、息を吐ききります。この動作を10回繰り返す。頭がすっきりし、リラックスする効果があり、身体が温まります。

ソロ（図3）は、気に入った木の根本に座り10分間静かに無言で目を閉じることです。効果は心身のリラックスができ、参加者にも好評です。

　ソロをする前に「なぜ森林は人に良いのか？」についての説明を「樹木が出す〝フィトンチッド〟という物質は、木にとって他の樹木の成長を妨げたり、虫等に葉などを食べられないように虫の摂食を妨げたり、殺菌したりする働きがあります。〝フィトンチッド〟を人が浴びると、ストレスホルモンが減少し生理的にリラックスしたり、ナチュラルキラー細胞が活性化したりする効果があるといわれています。そのフィトンチッドの量は午前11時頃に一番多く降り注ぐといわれています」などゼミ生が説明します。

図４：横臥療法の様子

　毎回同じコースでは飽きがきますので、少し足を延ばして市民病院の近くまで歩く冬のコース（港島南コース）を開発しました。朝の陽ざしを感じられるコースで「横臥療法」（図４）を取り入れたコースです。
　「横臥療法」とは、１８９２年当時のスイスのホテルで「リーゲクア（横臥療法）」という、太陽光をよく浴びながら寝椅子に横たわって安静にするという結核療養のプログラムがありました。そして必ず横臥する向きは、より太陽光を温かく取り入れられるように南向きと決まっていたので、建物も南向きに長くなっています。

横臥療法を考案したのは、カール・トゥルバン（１８５６―１９３５）という医師で、自身の名を冠したサナトリウムを１８８９年に開業し、その横臥療法ホールには、長時間横たわるのに適した特製の寝椅子（リーグシュトゥール）がずらりと並べられていました。ダヴォスの結核療養サナトリウムを舞台とするトーマス・マン（１８７５―１９５５）の小説『魔の山』（１９２４年）に、横臥療法について、詳しく書かれています。

南公園コースには、「ソロ」がありましたが、港島南コースには「横臥療法」を取り入れリラックスができるように工夫をしました。南公園のさらに南にある港島南公園には石で作られたモニュメントがあり、それを「横臥療法」のベッドに見立てて実施しています。その公園には、冬でも暖かい小川が流れ、鴨がいたりのどかなコースです。

神戸ポートピアホテルにとっては、宿泊客へのサービスが目的ですが、このように地域のホテルの取り組みが、地域住民の健康増進の一役を担うこともできるのではないでしょうか?

かみのやまクアオルト健康ウォーキング

山形県上山市は、城下町、宿場町、温泉町と3つの顔をもちます。「羽州の名城」として名高い上山城や素朴な佇まいの武家屋敷を訪ね、羽州街道の面影を残す下町通りをのんびり歩くことができます。街中には昔ながらの共同浴場や気軽に利用できる足湯も点在します。

かみのやま温泉「クアオルト健康ウォーキング」は、日本初のドイツ・ミュンヘン大学から認定されたコースがあります。蔵王の中腹1000mにある蔵王高原坊平(3・6㎞・高低差190m)、里山を利用した標高300mの西山(3・4㎞・高低差110m)、葉山(2・6㎞・高低差129m)、三吉山山頂(2・7㎞)中腹(1・8㎞・高低差273m)、虚空蔵山山頂(5・1㎞・高低差170m)北堰(3・7㎞・86m)、お清水・樹氷原(3・2㎞・高低差310m)のウォーキングコースが8コースあります。

ドイツの気候性地形療法により、傾斜、高度差、累積高度差、日射などの熱条件等で、

クアオルト研究室小関さんと筆者（上山にて）

歩行速度ごとの運動負荷が鑑定され、コースの難易度が設定されているのが特徴です。

上山では日替わりでコースが変わる午前中の「毎日ウォーキング」、旅行者でも参加しやすい午後の「暮色ウォーキング」など、蔵王テラポイトという専任ガイドとともに「気候性地形療法」のウォーキングができます。

標高の高い「蔵王高原坊平コース」は夏には涼しく歩きやすいコースです。まずは集合場所のナショナルトレーニングセンターで血圧と心拍数を測り健康チェックシートに体調などを記入し、準備体操をして歩き始め、途中のポイントごとに心拍数を計測します。普通の人なら「160から年齢を引いた数」になるように、体力に合わせ歩くスピードを加減するドイツの「気候性地形療法」を用いて行います。ウッドチップが敷き詰められた道や土の道を歩くことで足元の不安定さが運動負荷や刺激を生み、筋肉のトレーニングになるばかりか脳を活性化するので認知症予防につながるそうです。また、衣服などを調整して汗を発散させ、体の表面をサラサラに保つことも参加者に意識させます。歩きながら鳥のさえずりに耳を傾けたり、周囲の草木や季節の花について話が盛り上がったり、スキー場を横切るときの風や景色は最高です。変化に富んだコースを楽しむこともとても重要な要素です。ウォーキングの途中でかみのやま特産のフルーツをふるまったり、なかでも、ウォーキング参加者だけが食べられるクアオルト弁当は、摂取カロリー550kcal、塩分を2gに抑え、メニューも季節の旬のものを使うという力の入れようです。

毎朝、早朝の葉山温泉街からスタートする「早朝ウォーキング」は、旅館時代屋の冨士社長の案内で人気です。杉の木に手を当ててストレッチしたり、井戸水に手をつけてリフレッシュしたり、いろいろな体験ができます。特に「恋人の聖地」の展望台から上山市内の眺めは最高にきれいで三吉山に向けて参加者全員で「ヤッホー」と叫んでみると最高の気分です。

宿泊客には、県内産の旬の食材を多く使い、カロリーや塩分を抑えた夕食が提供されます。昆布や椎茸の「精進だし」を使い塩分の使用を抑えたり、冷製ポトフはカレー粉を加え風味をきかせたりと工夫され、山形牛のローストビーフや魚もあってお腹も心もたっぷり満たされます。昼食でオススメなのは、楢下宿の「丹野こんにゃく番所」のこんにゃく懐石です。山形県はこんにゃく消費量が日本一ということもあり、県民のファーストフードとして親しまれています。

平成21年から始まった「クアオルト健康ウォーキング」は、初年度370名からスタートしましたが、平成26年度には1万2000名を超えて、上山市外の4割の参加があるまでになりました。

ウォーキングや上山ならではの町歩きで楽しみながら運動し、温泉で休養、地元の食で栄養をとり、心も体もリフレッシュして健康になる。日本人にあった健康保養地「クアオルト」の姿がここにあります。

このような活動が評価され第4回ヘルスツーリズム大賞に選ばれました。ヘルスツーリズム大賞とは、特定非営利活動法人日本ヘルスツーリズム振興機構が、ヘルスツーリズムに取り組む個人、事業者、団体、自治体などを対象に、優れた取り組みを表彰し、広く紹介するもので、全国のヘルスツーリズムに関連する活動の向上を図ることを目的としています。選考基準は、科学的根拠に基づくプログラムに妥当性があり、ヘルスツーリズムの振興に寄与している。老若男女を問わず誰もが安心して楽しめるプログラムであり、バリアフリーの配慮がある。地域の特性を生かし、地域振興や活性化に貢献しているかを評価し決められています。

このようなウォーキングは、いつでも、誰でも、ひとりでも気軽に参加できます。「頑張らない、汗をかかない、日光に当たる、話をする」を意識するだけで健康づくりができると評判であり、地元の人びとの健康づくりにも役立っています。

熊野古道健康ウォーキング

和歌山県田辺市には「熊野古道健康ウォーキング」があります。

古くから神々が鎮座する特別な地域として崇められた紀伊山地は、和歌山、三重、奈良にまたがって険しい地形が連なり、独自の発展を遂げた3つの霊場が誕生し、それらを結ぶ熊野古道が形づくられました。熊野古道は100年以上前から蘇りや巡礼の道として歩かれ、2004年7月に世界遺産に登録されました。

熊野で健康ラボの木下さんと筆者（熊野にて）

熊野古道とは、神仏習合の聖地である「熊野三山（熊野本宮大社、熊野速玉大社、熊野那智大社の総称）」を巡礼するために開かれた参道のことで、中辺路、小辺路、大辺路、紀伊路、伊勢路の5つを総称して熊野古道と呼びます。

熊野三山を目指す熊野古道ルートは、京都から田辺・中辺路を結ぶルート、高野山からのルート、伊勢神宮からのルート、本州最南端串本を巡るルート、奈良・吉野からの修験道の5つからなり、総延長距離は1000㎞を超えます。

熊野古道は、木々に覆われ、適度なアップダウンや凹凸、木漏れ日からの柔らかな陽射しが特長で、歴史文化的史跡をたどりながら健康的に歩く「熊野古道健康ウォーキング」があります。

2004年に行われた調査では、熊野古道の紫外線は、市街地に比べ50分の1と低く、歩くことで得られる健康効果は、筋刺激、脳活性、ストレス軽減など、平地でのウォーキングに比べより効果が高く、2カ月間の継続したウォーキングでは、平地公園のウォーキング以上の効果となりました。このような健康効果を活用したプログラムを観光や健康商品として地域住民や観光客に提供しています。

熊野古道健康ウォーキングは、ドイツの気候療法を活用して、熊野古道の歴史・文化や地形や自然を生かした「癒やし・健康」のプログラムを実施しています。熊野古道を歩くことで、ストレスが軽減、免疫力アップなどの生理的・心理的な効果検証のもと実践しています。

参加者は、世界遺産熊野古道・中辺路ルートのメインコースで熊野本宮大社の霊域の始まりといわれる発心門王子から熊野本宮大社まで6・9㎞をウォーキングします。

まずは、このウォーキングを主催しているNPO法人熊野で健康ラボの事務所がある世界遺産センターに集合し、健康チェックをして車に乗り発心門王子まで送迎をしてくれます。到着後、ストレッチをし「発心門王子」にお詣りして、熊野セラピストが吹くほら貝の合図で出発します。そこから熊野セラピストと熊野本宮大社まで歩きます。1時間歩いたころに「水呑王子」にて湧水による冷水刺激はとても気持ち良いものです。途中の伏拝茶屋では、身体にやさしい地元素材の健康弁当「熊野古道弁当」をいただき、間伐材を利用した「森のベッド」で横になるのは最高です。最後は熊野本宮大社で参拝をして終了となります。

さらに、田辺市指定管理施設「クアハウス熊野本宮」では、温泉プールを使って、介護予防事業、健康づくり事業を実施しています。また観光客への開放も行っています。

地域資源を活用した健康・保養プログラムには、運動療法、食事療法、気候療法、温泉療法、植物療法などがあり、「クアハウス熊野本宮」ではプールに温泉を引き込み、運動療法、温泉療法、植物療法を実施しています。

クアハウス熊野本宮の温泉プールによる水中運動の効能は、温泉の効能を受けることができ、水圧を受けて運動することで、筋刺激や血液循環機能が高まり、浮力があるので、腰痛・ひざ痛であっても身体への負担が少なく、効果的な運動ができます。温冷の繰り返す交互浴で、自律神経機能に優位に働き、また、エネルギー代謝が多くなります。その結果楽しく運動することができるというものです。また、夏季は、近隣の河川で水中運動を

クアハウス熊野本宮で水中運動

行っています。季節に合わせて水温を調整し、60分程度、水中でストレッチ、ウォーキング、筋トレ、リラクゼーション、レクリエーションを実施しています。

本宮温泉郷に泊まって歩く「ステイ&ウォーク」も便利です。本宮温泉郷には、日本最古、熊野詣での湯垢離場として栄えた湯の峰温泉、世界遺産に登録された温泉で唯一入浴のできる「つぼ湯」や野菜や卵が茹でられる自噴泉の湯筒などがあります。川湯温泉は、熊野川の支流大塔川で静かな山間の清流です。河原を掘れば温泉が湧き出る、全国でも珍しい温泉です。夏は、自分で川を掘りオリジナル露天風呂が楽しめます。川をせき止めてつくる巨大な露天風呂「仙人風呂」は、冬の風物詩として親しまれています。

クアハウス熊野本宮には、バンガローが10棟あり、自然の中で快適に過ごすことができ、自炊することもできます。

現在、田辺市や医療機関とも連携し、健康づくり、介護予防、観光プログラムとして展開しています。

このような活動が評価され、NPO法人日本ヘルスツーリズム振興機構が実施している第1回ヘルスツーリズム大賞にも選ばれました。

天草ヘルスツーリズム

熊本県天草市は、〝隠れキリシタン〟の里として、ピーク時は470万人の観光客がありましたが、30万人までに減少しました。そこに、〝天草プリンスホテル〟女将の国武裕子さんが案内するウォーキングとヘルシーな食事とのパッケージで天草の魅力を伝える「天草ヘルスツーリズム―女将と歩く、早朝ウォーキング」が、延べ参加者が4万3394人を超える（2016年3月4日現在）名物企画となりました。「歩くこと

国武女将と筆者（天草にて）

で自分自身も周りの人たちも元気に、幸せになれたらと願って」ヘルスツーリズムをスタートさせたのは、２００９年10月１日のことで参加者は20名でした。口コミなどで人気はじわじわと高まり、１００回以上のリピーターがいるほどになり、今や天草地域全体で42コースになりました。

このウォーキングのきっかけは国武さんが、病気になったことで、毎日欠かさず近隣の「十万山」（標高２３９ｍ）を歩き始めたことからです。この経験を通じて、国武さんは天草の里山の美しい自然、歴史、食文化、風習などの豊かな財産を再認識し、「観光やビジネスで天草を訪れるお客さまに、一緒に歩きながら自然や地元の人、地の食材などに触れてもらい元気になって帰っていただこう」と心に決めてヘルスツーリズムとして商品化するため

早朝ウォーキングの途中でパン屋さんに寄る

に3年の時間を費やし実現させました。

結果は好評で、212回の参加者がいるなど多くのリピーターも獲得しています。参加者が普段出会う機会がない天草の旬の食材や郷土料理に触れることができるように配慮したプログラムとしており、コースも季節、天候、ゲストの好み、状況等に応じて決めるそうです。また、参加者と地元の人たちの交流が盛んになった結果、地域の活性化にもつながり、このような活動が評価され「天草ヘルスツーリズム」は2014年5月に「くまもと観光賞観光大賞」を受賞しました。またNPO法人日本ヘルスツーリズム振興機構が実施している第6回ヘルスツーリズム大賞（2013年度）を天草市ヘルスツーリズム推進連絡協議会として受賞しています。

朝のウォーキングコースと朝食（和食・洋食・おかゆの3種類から選べる）をセットで用意（宿泊客は宿泊料金に含まれています）されています。いずれも栄養バランスに優れ低カロリーとなっています。これも、「健康と観光の島、天草」を実現したいという思いで、3年間の準備期間を経て、650kcal の食事、3gの塩分を目標に、調理場と3週間話し合い実現しました。

通年おすすめという本渡市街地周辺コースは、天草キリシタン館、天草島原の乱の戦死者を慰霊する千人塚などを歩きます。本渡市街地の中心を西から東に流れる町山口川に旧道往来を確保するために天保3年（1832）建造の、長さ28・6m、幅3・3mの石造桁橋（重要文化財）。現存する江戸時代以前の石造桁橋としては最大級の祇園橋を見ることができます。

「倉岳町コース」は倉岳町棚底地区に残る石垣群を巡る人気コースです。この石垣は、江戸から昭和初期にかけて天草最高峰の倉岳（682m）から吹き下ろす強い北風から住宅を守るために各地で築かれました。

午前7時にホテルロビーに集合し、マイクロバスに乗り30分。到着後、石垣群をたどるように歩き、天草の歴史や住民の暮らしに触れることができます。道中で出会う地域の人との交流も魅力です。しかし、当初は、「よそものが来た」と言って小学生が警戒して学校に行かない。「なにしに来た」といった感じであったと国武さんは言います。

それが、参加者から「きれいなところに住んでいるね」と言われ、石垣群の良さに気付き、時が経つにつれて、やかんにお茶を用意してくれるようになり、天草の人たちのおもてなしに変わっていきました。

さらに、倉岳町棚底地区にて地元の人たちとの交流が、浦地区へと発展していきました。「我々の地域にも来てくれ」と自分の地域にも来てほしいと要望があり、農家との交流が本物の郷土料理を体験できるまでに発展していきました。今では、行政が休憩するところやトイレを作ってくれたりしています。地元の人たちがトイレを貸してくれたり、ウォーキングの参加者が訪れることで地域住民の方々は、石垣群の価値を再発見し、自ら再整備をされ、更なる価値を生み出しています。

西久保公園コースは、ホテルから車で20分ほど行きます。このコースは、天草の季節の訪れを告げるいろいろな花を春は桜、初夏は菖蒲、冬はサザンカと一年を通して楽しめるコースです。公園を抜けてパン屋さんに寄り、お茶を出してくれて、空腹を満たしてくれるのも嬉しい。

ハマボウコースは、7月中旬に「ハマボウ祭り」の20日間しか見られない人気のコースです。ウォーキングで行きはじめたころは、ハマボウの群生地は草ぼうぼうでしたが、ウォーキングで行くようになって駐車場や歩道の整備を市が3000万円かけるなど、地域が変化しています。

歩くことが嫌いだった男性が10カ月で9kg痩せて、富士山、南アルプスなど登山が趣味になり、マイナス16kgダイエット、2カ月に一度来るようになった。子どものヘルスツーリズムで夏休みに、朝ご飯を食べなかったのが食べるようになった。などの反響を得ています。

大阪あそ歩・市民が元気になる。「まち歩き」は「まちづくり」

「大阪あそ歩」は、大阪の魅力を市民の手で「まち歩き」と「まち遊び」を通じて発信していくのがねらいです。大阪のそれぞれの「まち」の歴史や風土を知り、そこに住む人々の生活の機微に触れ、大阪の本来の魅力であることを再認識し、発信しようとした「コミュニティ・ツーリズム」です。

始まりは２００８年の秋、２つのコース、２人のガイドさんからでした。その時は１２８名の参加者がありました。２００９年には93コースがつくられ、２０１０年の春には１０５コース、秋には１１４コースになり、ついに２０１１年の春には１５０コースになりました。現在は２００名のガイドさん、サポーターさんの大きな活動の場となり、２０１２年、発足から4年目に「観光庁長官表彰」を受賞し、累計２万名（２０１５年秋）もの人々が参加されています。

コミュニティ・ツーリズムとは、正確な定義はわかりませんが、地域での着地型観光や市民全体の観光といった概念で語られることが多く、従来から観光の主流をなしてきたマス規格観光と対極のイメージのようです。

まち歩きは様々です。「平和のためのまち歩き（ピースウォーク）」ではパレスチナの都市をイスラエル人とパレスチナ人のガイドで、世界各地から集まった人たちと一緒になって歩きます。平和な世界を希望し、同じ人間が、同じひとつの祈りに向かって一歩ずつ歩き出すというものまであります。

「大阪あそ歩」の代表をされている茶谷幸治さんがプロデュースされた、２００６年の「長崎さるく博」で、単純にまちを歩くという博覧会が成功したことで全国に「まち歩き観光」

のブームが起こりました。この博覧会では、パビリオンもタレントもなく、素肌の長崎のまちがあり、市民が存在するだけで、のべ1000万人もの観光客がまちを歩きました。

「大阪あそ歩」の人気の理由は、ライブで、自由で、知的なスポーツで、低費用であることです。さらにつながりがあり、健康スポーツであることがあげられます。効果として、大きな集客効果、低費用ゆえの持続性、コースや地図をつくるのも住民で市民主導・市民団体・市民協同なのです。

「大阪あそ歩」は、2008年10月、大阪コミュニティ・ツーリズム推進連絡協議会の発足と同時にスタートしました。「大阪は、まちがほんまにおもしろい」がキャッチフレーズです。大阪の文化や産業や自治秩序を担ってきた住民が主役です。そこには、住民の奇想天外な知恵があり、自由奔放な生き様があります。そんな大阪をもっと知り、もっと楽しもうとするものです。

現在、「大阪あそ歩」には150のコースがあります。そこには150の「町衆のまち」があり、豊かな人間ドラマがあり、それを体験することができます。

このように続々とコースができる秘訣は、ガイドづくりにあります。毎年冬にガイド養成講座を開催し30名程度の応募がありますが、その過程でオリジナルコースをつくり、ガイドをするということで150コースもでき上がりました。

毎年2000名も参加する「大阪あそ歩」は、50%が大阪市内の方で、25%が大阪府の方で、25%がその他の地域から参加されます。リピーターの方は50%と支持されています。特に、組織管理の考え方がとても参考になります。本部は春・秋のコースをホームページで告知のお手伝いをし、プラットホームをつくるだけです。ガイドは春・秋に3コースをエントリーします。ガイドを継続する意思の確認のために公認証は毎年更新します。各コース定員は15名で参加費は1500円でガイドが現場で集金をします。500円はシーズン最後に本部に収め、残り1000円はガイドの収入になるという仕組みです。もちろん参加者が集まらないと直接収入に影響しますが、何よりもホームページにガイド名を公表されますので、参加者が集まるようにガイドの力量をあげるように努力するようになります。自らが努力する仕組みがそこにあります。また、ガイド養成の必須条件にメールができることがあります。できるだけコストをかけないため本部には電話もありません。電話を設置すると受け付けをする人を雇用する必要があります。そこで、連絡はすべてメールにて行います。ガイドは、単にその町を知っている・歴史を学んだだけではなく、そこに生まれあるいは育ち、学び、恋をし、悩んだ経験がある人が町と共に自分を語るべきだと言っています。

コースづくりのポイントは、健康のために歩くことも重要ですが、もう一つは、そこに住んでいる人の暮らしぶりやその町に反映されている地域の歴史を直接体験することです。人びとの季節の食材や暑さ寒さを防ぐ工夫や受け継がれてきた独特の風習などをじっくりと見聞することとです。住民が納得できるコースになったかどうか。市民や観光客に伝えたい〝まち〟の様々なことをコースづくりに盛り込めたかどうか。そのために地域住民を巻き込む必要があります。コースの中の便宜施設や支援施設を確認しておくこと。トイレや雨よけ、スーパーやコンビニのトイレ、飲料自動販売機など。コース沿いの店舗は積極的に活用、休憩場所にも使えます。地域の商業者が関わりあう場があればさらに充実します。といったところをポイントにしながら、各ガイドさんがコースづくりに励んでおられます。

このような「まち歩き」が、地元商店街の販売促進に関わっていくとか、伝統的な祭りと連携した企画をするなど、地元のまちのための「まち歩き」ができれば、理想的な「コミュニティ・ツーリズム」になるのではないでしょうか？

ＫＯＢＥ森林植物園ウエルネスウォーキング

２０１３年の大学の公開講座「六甲山で森林療法」に参加された方が中心に、六甲山に健康保養地をつくる目的で立ち上がった「六甲健康保養地研究会」が、２０１３年12月と２０１４年６月の２回にわたる実証実験を経て、２０１５年５月から神戸市立森林植物園の協力を得て始めたウォーキングプログラムです。その２回にわたる検証実験の結果、最高血圧（収縮期血圧）および最低血圧（拡張期血圧）は、特に運動負荷の強い区間に有意差が見られ、適度な運動負荷が高血圧の方に有効であることがわかりました。ＰＯＭＳ調査(被験者の性格傾向ではなく一時的な気分・感情の状態を緊張(不安)、抑うつ(落ち込み)、怒り（敵意)、活気、疲労および混乱の６つの尺度から測定できる）は、「緊張（不安)」、「混乱」、「抑うつ（落ち込み)」はウォーキング前と比べ低下がみられ、「活気」はウォーキング運動前と比べ向上しました。

六甲健康保養地研究会は、六甲山を都市型でありながら自然の豊かな健康保養地エリアとして捉え、自然や森の力を利用した様々な療法の受け皿（森と施設）を、ドイツの自然保養療養地やクナイプ療法等の先進事例も取り入れながら創設し、広く様々な形で利用してもらうことで、その効果を実感していただきたいと考えています。この構想は、医療費の削減に結びつく予防医学的な視点はもちろん、神戸の新たな観光産業としての視点からも意義深いものと考え、新しい健康保養地実現のために活動を始めました。

例えば、ドイツ国内には、自然保養療養地が374カ所存在し、年間1900万人が訪れています。温泉や森林、山岳などの気候や地形、海岸で海洋性気候を用いたりしています。水療法で有名なクナイプ療法の発祥の地「バート・ヴェーリスホーフェン」には、毎年100万人近い人が訪れています。それらには、社会健康保険が適用され、4年に一度3週間の保養を行うことが法的に認められていることも影響しています。

筆者が参加者と歩く様子

六甲山を健康保養地とするためには、科学的、医学的に適正な基準を満たしていなければなりません。六甲山が、神戸、大阪という大都市に隣接しているにもかかわらず、健康保養地として適しているか、適しているのならばどのような保養地にしていくかについて研究をしていく必要があります。

六甲山を健康保養地として活用していくためには、健康保養地として認知されるだけでなく、その内容に相応しい設備を備え、運営組織と人材が必要になります。クアホテル、クアパーク、クアハウスなど施設をどうするか、それらを統括して運営していくための組織、それを担うための専門知識を備えた人材をどのように養成していくかを研究をしていく必要があります。

健康保養地には、様々なクアプログラムが作られます。六甲山の特性に合わせて、科学的、医学的な根拠に基づいたプログラムをどのようにしていくかについて研究をしていく必要があります。そのプログラムのひとつとして、「ＫＯＢＥ森林植物園ウエルネスウォーキング」を始めたわけです。

当研究会は、以上の研究課題に関して、各国の歴史・実情、国内の先進地に学び、情報を収集して、講演会、勉強会や体験会などイベントの開催をはじめとする健康保養地推進のための様々な活動を展開してきました。過去には、「健康保養地とは？」、「熊野で健康ラボの取り組み〜熊野健康ウォーキングの実践」「日本型クアオルトによる健康保養地のまちづくり（ドイツの現状とかみのやまの取り組み事例）」、「ヘルスツーリズムによる地方創生（兵庫県多可町の取り組み事例など）」、「まち歩きをしかける（コミュニティ・ツーリズムの手ほどき）」、「ウエルネスウォーキングロードの作り方」などの公開セミナーを実施してきました。

森林植物園は、開園が１９４０年、総面積が１４２・６ヘクタール、植栽樹種は約１２００種（うち外国産が５００種）で、年間約23万人が利用しています。

園内は、北アメリカ産樹林区、ヨーロッパ産樹林区、アジア産樹林区、日本産樹林区（北日本区、照葉樹林区、日本針葉樹林区）と原産地別に自然生態を生かした植物本来の姿を楽しめるようになっていて、Ａコース「短時間で楽しめる」（１・５㎞）、Ｂコース「森林を観察できる」（２・９㎞）、Ｃコース「国際親善の森・香りの道散策」（３・１㎞）と歩きやすい園内マップが整備されています。

このように観察目的であった森林植物園の園内マップに加えて健康ウォーキングマップを作成するというミッションのプロジェクトです。

２０１５年5月から月に1回のペースで開催しています。参加者は10時に園内にある森林展示館会議室に集合して、血圧を測り健康チェックシートに体調を記入し、ストレッチ後歩き出します。コース途中のポイントごとに心拍数を計測します。普通の人なら「１６０

から年齢を引いた数」になるように、体力に合わせて歩くスピードを加減します。毎回、3㎞程度の高度差を意識した違うコースを歩きます。終了直前には、冷たい水をためた桶に両腕を30秒程度つける「腕浴」を実施してリフレッシュします。終了後は、血圧の測定をして結果を毎回確認しています。

2015年8月には、「ウエルネスウォーキングリーダー養成講座」を実施して、指導者の養成にも実施し、兵庫県以外にも長野県からも参加があり39名も参加されました。参加者も154名（2016年2月現在）になり、リピーターも多く徐々に参加者が増えてきています。

このような地域にある公園の利用促進が、地域住民の健康増進の一役を担うことができるのではないでしょうか？

兵庫県多可町健康保養地プロジェクト

多可町は兵庫県のほぼ中央に位置します。酒米・山田錦の発祥地や1300年の歴史がある手すき和紙『杉原紙』の産地、「敬老の日」発祥の地として知られています。

多可町では、自然環境や地域資源を活用し、町民の健康増進や介護予防対策に役立てようと健康保養地事業の取り組みを始めました。将来にわたりイキイキと自分らしく過ごせるように「健康寿命」を延ばすとともに、町外から人を呼び込み「交流人口」を増やすことで地域を活性化することを目指すというものです。

この事業のコーディネートをすることになり、健康保養地に欠かせないウォーキングコースの開発や多可町ウエルネスリーダー養成、ヘルシーメニュー（低カロリー・減塩）の開発をし、プログラムの効果を実証するモニター調査などを実施することになりました。

まずは、2015年4月に兵庫県多可町の宿泊施設やウォーキングロード、観光施設の調査をしてプロトコールの開発をしました。それから、先進地の視察を熊本県天草「天草ヘルスツーリズム」と山形県上山市「かみのやまクアオルト健康ウォーキング」を訪れ、具体的なイメージを作り上げていきました。

次に、町民を対象に2015年9月5日に事業の説明会を実施し、健康保養地の可能性についての説明をしました。さらに多可町ウエルネスリーダーの養成講座（2015年9月26〜28日）の希望者を募り、モニター実験をお手伝いする人材を養成しました。

ウォーキングコースは、兵庫県立なか・やちよの森公園の渓流谷の遊歩道を、渓流の広

なか・やちよの森コースに看板を設置する様子

場から展望台までの往復5㎞・高低差164mのコースを利用します。

ウォーキングの途中に、脈拍の計測ポイント「ハートポイント」「森林浴」などの看板や、自然療法プログラム「腕浴」「横臥療法」ができる設備を神戸山手大学西村研究室の学生と多可町役場の方と公園関係者の協力で設置しました。

2015年10月25日（日）～26日（月）に「ウエルネスウォーキング（宿泊型）モニター」を募集し、関西近辺から9名の参加がありました。

プログラムは、〈1日目〉オリエンテーション、健康チェック、健康保養地セミナー、とうふづくり体験、ヘルシー弁当、ウエルネスウォーキング（なか・やちよの森コース）、夜は、西日本最大のラベンダーパーク多可でとれるラベンダーを使ったアロマ教室。宿泊はエーデルささゆり。〈2日目〉朝の散歩、ピラティス、ウエルネスウォーキング（千ケ峰コース）、兵庫県の重要無形文化財・伝統的工芸品に指定されている、1300年の歴史と伝統を持つ杉原紙のランプシェードづくり、健康チェック。の内容で地元の資源を最大限に生かしたものになり、参加者からも好評でした。

なか・やちよの森コースを歩くことによって得られる健康効果を、2015年11月21日から5週間にわたり、和歌山県立医科大学衛生学教室との連携でウォーキングをするグループとウォーキングをしないグループに分け検証しました。

ウォーキングをするグループは、なかやちよの森コースを、1回につき5㎞のウォーキングを毎週土曜日に1回、合計5回行います。検証した内容は、開始時と終了後（4週間後）に、「新型自律神経センサー（VM302）」での測定だけでなく、ロコモ度チェック（立ち上がりテスト、2ステップテスト）血圧の変化、唾液アミラーゼの変化と心理的な指標としてPOMS調査およびSF-36v2、Chaldar Fatigue Scale（日本語版）のデータの変化を測定しました。ウォーキングをしないグループも同様に測定しました。

実証実験で使用する「新型自律神経センサー（VM302）」は、両指を測定器にいれるだけで、脈波（PPG）・心電派（ECG）を同時に測定し、その結果から心拍変動を解析して疲労・ストレスの評価基準である自律神経のバランスと自律神経機能年齢を表示します。いままでの測定器と比べて、ＰＰＧとＥＣＧを同時に測定することで測定精度が向上し、短時間で自律神経解析できることが特徴です。

ロコモ度チェックは、日本整形外科学会が、２００７年に提唱した「運動器の障害」により「要介護になる」リスクの高い状態かどうかを測る診断基準です。

SF-36v2は、健康関連ＱＯＬ（HRQOL:Health Related Quality of Life）を測定するための、科学的で信頼性・妥当性を持つ尺度で、８つの健康概念、身体機能、日常役割機能（身体）、体の痛み、全体的健康感、活力、社会生活機能、日常役割機能（精神）、心の健康を測定するための複数の質問項目から成り立っています。

Chaldar Fatigue Scale（日本語版）は、疲労の重症度だけでなく慢性疲労症候群を測定するために使用されます。慢性疲労症候群とは、原因不明の強い疲労が長時間（一般的に６カ月以上）に及び継続する病気です。

ＰＯＭＳ調査は、被験者の性格傾向ではなく一時的な気分・感情の状態を緊張（不安）、抑うつ（落ち込み）、怒り（敵意）、活気、疲労および混乱の６つの尺度から測定できます。

ウォーキングプログラムは、計測が終了した方から順番に3グループに分け、10名に2

ウエルネスリーダー養成講座の実習の様子

名のリーダーを配置して歩きました。測定会場から出発点までは5分のバス移動です。バス乗車前に「ストレッチ」をし、下車後「第一のハートポイント」まで行き、脈拍を測り「160―年齢」を超えている方がいたら、ゆっくり歩くようにアドバイスをします。余裕がある方は、足を高く上げて歩くようにアドバイスをしながら心拍をコントロールしながら歩きます。

リーダーは、途中に設置されている案内看板「フィトンチッド」「森林浴」などの解説をしながら展望台を目指して歩きます。ゴール直前には、森のベッドで「横臥療法」を行います。「横臥療法」とは軽度の寒冷に曝露（ばくろ）しながら静かに横たわる療法で、直射日光や風から守られた屋外で実施することにより、持久力の向上および、身体のストレス解消と回復促進効果があります。最後は、「腕浴」を行います。これはクナイプ療法の水療法です。30秒ほど肘から下を水につけて、腕を振り回しながら自然乾燥をさせます。1850年頃、セバスチャン・クナイプ神父が行った自然療法で、自らの結核を水治療で治したことから始まりました。到着後、ストレッチをし、計測をして終了です。

2回目と4回目には、今回のプロジェクトで開発された塩分とカロリーが調整された地産地消の「ヘルシー弁当」が提供されましたが、とても美味しいものでした。

結果は、自律神経機能の働きを示す指標がウォーキングをするグループは向上し、ウォーキングをしないグループには変化はありませんでした。つまり、ウォーキングをすることで自律神経の調節機能が向上する傾向があるというわけです。

血圧もウォーキングをするグループは、収縮期血圧(最高)に降圧効果が確認できました。SF-36v2は、ウォーキングをするグループは身体機能が向上し、一方ウォーキングをしないグループは体の痛みが増加しました。

POMSは、ウォーキングをするグループは緊張（不安)、抑うつ（落ち込み)、怒り（敵意)、疲労および混乱は有意に下がり、ウォーキングをしないグループも、緊張（不安)、抑うつ（落ち込み)、怒り（敵意)、混乱は下がりましたが、疲労は下がりませんでした。

ウエルネスウォーキング秋のおべんとう

以上のような結果から、多可町におけるウォーキングは疲労改善効果があり、ストレス軽減効果があることがわかりました。

今後は、日本版の健康保養地を目指して、関西近郊の企業の健康保険組合との保養契約を進め、週末保養が実現できるようにしたいと考えています。

長野県信濃町での取り組み～長野県信濃町「癒しの森」

信濃町は、長野県の北端に位置し、北に妙高山を背にして、西に黒姫山、南に飯綱山・戸隠山、東に斑尾山と北信五岳に囲まれ、上信越国立公園の一環として風光明媚な高原盆地帯にあります。

森林比率70％と国土の森林比率と同様で、人口８４７４人（２０１６年1月現在）面積が１４９・27㎢です。

信州・信濃町「癒しの森」は、２００６年日本初の試みとして林野庁主導の森林セラピー研究会・森林セラピー基地実行委員会が日本全国の森林地の癒やし効果（ストレス解消効果）を「科学的・医学的」に検証し、さらに宿泊施設や交通の便を審査して選抜した6カ所の「森林セラピー基地」（２０１６年3月現在60カ所）のひとつで、選ばれた最大の理由は、信濃町独自のカリキュラムで養成した森林メディカルトレーナーの存在です。

森林メディカルトレーナーの資格は、信濃町長が認定するもので、森の中へお客様を案内し森林療法や森での免疫療法・信濃町独自の療法を行うことで、森の中で五感を解放したり、ヒトの自然や森の中での安全管理もします。森林療法、アロマセラピーなどを中心とした町独自の集中講義により、認定されたトレーナーで、活動には毎年登録制度により申請が必要です。

２００６年6月の医療制度改革法案の通過に伴い、医療費抑制の中心的な柱としてメタボリックシンドローム対策の導入が決定し、被保険者に対して２００８年度より標準的な健診および保健指導の実施が義務付けられることになりました。

この対策は、従来の健康診断への補助金助成といったプロセス（過程）中心の保険者の保健事業を見直し、メタボリックシンドロームの対象者および予備軍である保険加入者に対して行動変容のための保健指導を実施し、生活習慣病発症および医療費の抑制といったアウトカム（効果）を導きだすことに主眼が置かれています。

そこで、当地を利用した森林浴とウォーキング、食事制限を組み合わせたプログラムが実際にメタボリックシンドローム予防と癒やしの相乗効果があるのか、また、まちづくりの一環として活用できるのかなどについて検討しました。

対象者は新聞などで募集した22名で２００６年7月28〜30日・参加者9名と11月3〜5日・参加者13名の2回で実施しました。内訳は福岡1名、神戸８名、奈良1名、大阪11名、東京1名、秋田1名、／女性11名・男性11名／年齢幅：27〜77歳でした。

プログラムとしては、〈1日目〉看護師による問診、血圧・不整脈・脈拍のチェック、体重体組成計による体重・体脂肪率・ＢＭＩ測定。〈2日目〉１日１６００kcal の郷土料理中心の食事、森林メディカルトレーナー（信濃町独自の認定）の案内による癒しの森ウォーキング、ノルディックウォーキング（御鹿池コース、象の小径コース：計1万歩）、アロマ芳香浴、森に入る前の朝と入った後の夕食後のＰＯＭＳ調査（気分・感情などの心理状態を評価する手法)、医師の講義。適宜血圧、脈拍、血糖値を測定。〈3日目〉信濃町名所観光の内容で、対象者は身体所見、感想、POMS調査の解析より、効果を評価しました。

森林セラピーコースは、地震滝コース(黒姫高原から日本の滝百選の地震滝(苗名滝/なえなたき)まで歩くロングコース。約7㎞/約4・5時間)、象の小径コース(ナウマンゾウの化石発掘地、野尻湖の湖畔周辺を歩く軽めのコース。約2・5㎞/約1時間)、御鹿池コース(森と草原の豊かな自然の中にある、御鹿池を周回できるコースである。約1・2㎞/約1・5時間)の3コースがあり、今回は、御鹿池コースと象の小径コースを使用することにしました。

信濃町独自の森林療法のプログラムとして、丹田式呼吸法(全身に酸素をいっぱいに取り入れ細胞を活性化させると同時に、平常心を生み出すセロトニン神経を活発化させる)、爪もみ療法(福田―安保理論による爪もみ療法を採用している。人の爪の根元にある自律神経のツボを症状によって、黒文字の小枝などで刺激する)、植物療法(薬草・ハーブ・アロマなどの植物からの恵み、地物の野菜やソバなどの身体に良い特産物に山菜・キノコなど、森や自然の恵みを活用する)、水療法(自然の良い水に足をつけた後、裸足で草や岩の上を歩いて大地の温かさを肌で直接感じる）調和療法（森の中で「木のポーズ」「木の葉の舞うポーズ」などのヨガ的な運動や森での遊び、呼吸法、正しい歩き方などで心身の調和を図る）、自然観察療法（森を自然観察のプロと歩き、植物についての説明を受けたりすることは独特の癒やしにつながる）、ノルディックウォーキング（ストックを2本使うことによりバランスが良くなるとともに全身運動となり消費カロリーが120〜150％アップする）などがあります。

結果としては、血圧・脈拍に目立った変化はなかったが、朝食後、夕食後の血糖値の上昇が少なくなりました。POMS調査で緊張・抑うつ・怒り・活気・疲労・混乱の6因子について解析したところ、活気以外の5因子がやや低下し、活気因子についてはやや上昇しました。対象者の多くが生活習慣病を有し健康志向が強いことが参加の動機となっていました。プログラムでは森林浴が好評でした。

考察として、血圧や脈拍に期待した変化がなかったことや、POMS調査でストレス指標の5因子については低下がみられたものの低下の程度が少なかったことについては、もともと参加者のストレスが少なく、短期間では効果が現れにくく、食事制限がストレス要因となっていたなどが考えられます。しかし、結論として今回実施したプログラムでストレスなく運動と食事制限が実現されたと考えられ、参加者も満足していました。近年国民の健康志向は非常に強く、ウォーキングと食事制限を加えたメタボリックシンドローム予防プログラムが森林浴体験ツアー参加のきっかけになったようです。

さらに、企業で働く人を対象に2007年4月20〜22日で実施しました。参加者は9名で、内訳は神戸4名、大阪2名、東京3名／女性3・男性6名／年齢幅35〜51歳でした。プログラムは、〈1日目〉看護師による問診、血圧・不整脈・脈拍のチェック。アイスブレーク。ノルディックウォーキングの指導。癒しの宿での食事、アロマ芳香浴、〈2日目〉森林メディカルトレーナーの案内による癒しの森ウォーキング、ノルディックウォーキング（御鹿池コース、象の小径コース：計1万歩）、アロマ芳香浴、医師の講義。〈3日目〉森林療法講演、そば打ち体験でした。

2泊3日の宿泊は「癒しの宿」を利用し、食事は1日1600kcalの郷土料理中心の食事としました。対象者の身体所見について体重体組成計による体重・体脂肪率・BMI測定、ならびに血圧・脈拍の測定を1日目の問診時と就寝前、2日目の就寝前、3日目朝食後に行いました。気分・感情などの心理状態を評価する手法としてPOMS調査は、癒しの森でのノルディックウォーキング実施前後の2日目の朝食後と夕食後に測定を行いま

癒しの森・象の小径コース

した。また最終日には、今回のモニタープログラムの参加者の自己評価として「プログラムについて」「自然環境について」「癒しの森のコース、インストラクターについて」「癒しの宿について」など12項目のアンケート調査を各項目10点満点で行い概ね好評でした。

結果としては、血圧・脈拍に目立った変化はなかったが、ＰＯＭＳ調査で緊張不安・抑うつ・怒り敵意・活気・疲労・混乱の６因子について解析したところ、活気以外の５因子が低下し、活気因子についてはやや上昇しました。

緊張不安が顕著に低下したのは、普段の企業活動の中でストレス状態であり、もともと普段から運動をしていなかったことが原因ではないかと考えられます。また、活気因子が上昇したのは対象者の多くが生活習慣病を有し健康志向が強いことが参加の動機となっていたためと思われます。参加者の自己評価アンケートの結果については、いずれの項目もポイントが高く好評でした。

結論としては、この研究で実施したプログラムでストレスなく運動と食事制限が実現されたと考えられ、参加者も満足していました。近年国民の健康志向は非常に強く、ウォーキングと食事制限を加えたメタボリックシンドローム予防プログラムが森林浴体験ツアー参加のきっかけになったようです。当地は滞在型の保養地としても認められており、さらにプログラムを展開させて参加者を増やしていくことも可能であると思われます。

この「癒しの森」事業は企業提携を中心に進めており、現在29社との契約をして毎年春には新入社員研修などで利用しています。新たな年代層の取り組みは産業振興の観点からも有効であり、加えて地域住民の健康増進にも大きく寄与するというものです。

信州ウエルネスツーリズム研究所の誕生

2015年6月から長野県「信濃町みらい創生会議」のメンバーになり、しごと部会を担当することになりました。地方創生の課題は、東京一極の人口集中を解消して、地方の人口減少を食い止めようと様々な政策を考え実行することです。地方に若者を呼び込むには、仕事があるかどうかです。そこで、まずは仕事を創ろうと地元の方々と「ウエルネスウォーキング事業」を中心に据えた組織「一般社団法人信州ウエルネスツーリズム研究所」を立ち上げました。

信濃町では都市住民を中心に、農村の自然や文化等に触れ、その地域の人々との交流を楽しむ参加体験型交流（グリーンツーリズム）も関心が高く、また森林の空間的活用として森林浴効果に着目した癒やしの森事業（森林セラピー・療養型ヘルスツーリズム）は全国に先駆けて取り組んでおり、ニューツーリズムが徐々に拡大しています。

信濃町のグリーンツーリズムは「信濃町農山村生活体験受入れの会」が中心となり、都会の小中学生を対象とし「農家泊」にて住民の暮らしぶりを体験しています。癒やしの森事業は企業提携を中心に進めており、新たな年代層の取り組みは産業振興の観点からも有効であり、加えて地域住民の健康増進にも大きく寄与するというものです。

そこで、信濃町では、ヘルスツーリズムに係る知識や誘客に繋がる仕組みづくりのノウハウを習得し、来訪者と地域住民とが交流し、ＱＯＬ（生活の質）を高めることを目的と

小林一茶旧宅の前で

した「信濃町健康増進型ヘルスツーリズム推進人材育成事業」を立ち上げました。その中心事業が「ウエルネスウォーキング」です。

主なメンバーは、六甲健康保養地研究会が2015年8月に開催した「ウエルネスウォーキング指導者養成講座」を受講し、ウエルネスウォーキングリーダーの認定をうけるためにウォーキングコースの開発に取り組みました。ウエルネスウォーキングリーダーになるには、オリジナルウォーキングマップ作成とウエルネスウォーキングに3回以上参加することが条件となっています。

ウエルネスウォーキングコースづくりについて、以下のように選定基準を設けています。

まずは、できるだけ既存の手入れをしなくてもよいコースから使用すること。スタートとゴールには、血圧を落ち着いて測れる場所があること。日向と日陰が交互にある刺激と緩和があること。腕浴ができる水を確保できること。林道などに限定せず、民家周辺や町中のコースも選定できること。ウォーキングコースマップは手描きにしてシンプルにわかりやすくすること。コース上あるいはコースの近くにお土産が購入できる場所、食事をとれるような場所も一緒に選定すること。トイレ、または緊急車両が入れるポイントもあわせて記入すること。信濃町の41の民話と絡めること。道幅は1～2ｍぐらいあること。木の根や岩のでっぱりが多いと気を使い、危険なので道に障害物が少ないこと。おおむね斜度が5％以内で傾斜がきつすぎないこと。30分程度は続いていること。途中で戻れるようなショートカットルートがあること。ウッドチップが敷いてあるなど一般的には舗装されていないことが望ましい。車椅子や障害者には逆にバリアフリーの舗装歩道があると歩きやすい。途中に休息できるベンチもあるといい。距離は3～5㎞程度の穏やかな坂道と整備された道があることを基準にしています。

コースづくりのポイントは、健康のために歩くことも重要ですが、もう一つ、そこに住んでいる人の暮らしぶりがその町に反映されている地域の歴史を直接体験することです。人びとの季節の食材や暑さ寒さを防ぐ工夫や受け継がれてきた独特の風習などをじっくり

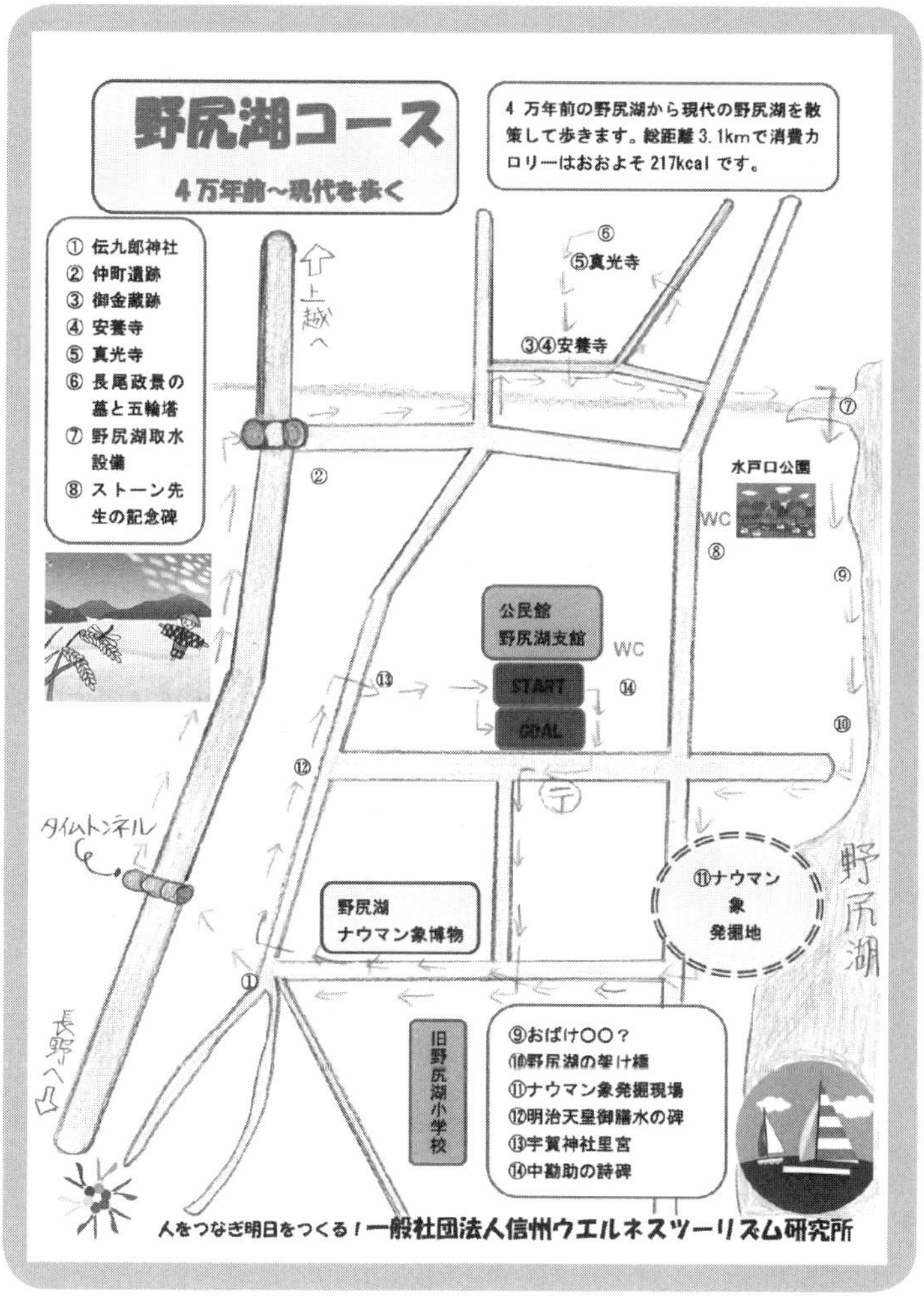
野尻湖コース
4万年前～現代を歩く
4 万年前の野尻湖から現代の野尻湖を散策して歩きます。総距離 3.1kmで消費カロリーはおおよそ 217kcal です。
① 伝九郎神社
② 仲町遺跡
③ 御金蔵跡
④ 安養寺
⑤ 真光寺
⑥ 長尾政景の墓と五輪塔
⑦ 野尻湖取水設備
⑧ ストーン先生の記念碑
上越へ
⑥
⑤真光寺
③④安養寺
⑦
水戸口公園
WC
⑧
⑨
公民館
野尻湖支館
WC
⑬
START
GOAL
⑭
⑩
⑫
⑪ナウマン象発掘地
タイムトンネル
野尻湖
ナウマン象博物
野尻湖
①
長野へ
旧野尻湖小学校
⑨おばけ〇〇？
⑩野尻湖の架け橋
⑪ナウマン象発掘現場
⑫明治天皇御膳水の碑
⑬宇賀神社里宮
⑭中勤助の詩碑
人をつなぎ明日をつくる！一般社団法人信州ウエルネスツーリズム研究所

と見聞することが重要です。

地域住民を巻き込み、便宜施設や支援施設を確認しておくこと。トイレや雨よけ、スーパーやコンビニのトイレ、飲料自動販売機など。コース沿いの店舗は積極的に活用し、休憩場所にも使えるように、地域の商業者と関わりあう場を設けるように交渉しておくことが重要です。コースづくりのポイントや指導者養成については「大阪あそ歩」を参考にさせていただきました。

以上のようなことを意識して、何度も検証して最初にできたコースが「野尻湖コース～4万年前～現代を歩く」でした。ナウマンゾウ博物館から始まり4万年前の野尻湖へ行き北国街道を歩く素敵なコースで、距離は3・1㎞で消費カロリーは217kcalです。次にできたコースが「黒姫駅コース～一茶の故郷を訪ねる」でした。黒姫駅をスタートし小林一茶ゆかりの地を巡る、距離3・4㎞消費カロリー218kcalです。この2コースでスタートしました。

10月にはモニターを実施して11月には指導者養成講座を開催することができました。翌日からは、先進地の視察で山形県上山市を訪れ、かみのやま温泉「クアオルト健康ウォーキング」を体験して、上山市役所の担当の方から事業説明を聞き、具体的なイメージをつくり上げていきました。事業開始は11月14日でした。雨の中8名の町民の方が参加してくれました。それから雪が降るまでの期間12月20日までの土日に歩き、町民の方が150名も参加してくれました。その後、「黒姫高原自然歩道コース」「水源探検コース～松代大本営の水源？」「雲龍寺中之宮跡と町民の森コース」ができてきました。4月からこれらのコースも歩くことになります。

ウォーキングなどは、行政によってしかけられ、行政から資金支援によって支えられていることがほとんどです。コースやマップも完成し、ガイドも養成されたら、運営はできるだけ自立を目指すべきだと思います。地元の住民が知恵を絞って支えることが重要だと思います。その地域の住民や町を訪れる人間がどのようにその町と付き合って生きていくかという問題です。

地方では高齢化が進み、地域の歴史文化の継承が課題となっています。健康のために歩くことも重要ですが、ウエルネスウォーキングのコースをつくる中で、そこに住んでいる人の暮らしぶりや地域の歴史を直接聞いて伝えることが必要な時期にきているのではないでしょうか？　人びとの季節の食材や暑さ寒さを防ぐ工夫や受け継がれてきた独特の風習などをじっくりと見聞することが重要です。そのような魅力を伝えるのが「ウエルネスウォーキング」です。

留学生スキーインストラクター

世界のスキー市場は安定推移占有率はアルプスが44%、アメリカが21%で2大市場です。日本は世界最大のスキー来場者数はアメリカ、ほぼ同程度でフランス。日本は世界4位。日本はスキー場数では世界1位。スキー人口では世界3位ですが、日本のスキー人口は1993年をピークに減少の一途をたどっています。世界のスキーリゾート利用者数は安定推移していますが、大幅に減っているのは日本だけです。

1990年代前半の最盛期を境にゲレンデに足を運ぶ人は減り続けており、1990年から95年までの来訪者数が年間1800万人に対して2010年シーズンにはその3分の1程度にまで落ち込んでいます。最近の暖冬による雪不足など気象条件の悪化などがありますが、若者の〝スキー離れ〟に対して業界では決定的な施策がない中、その減少に歯止めを掛けられないでいましたが「雪マジ19」というキャンペーンが功奏し、若者がゲレンデに戻りつつあります。

最近の動向は、日帰り客が大半を占めます。大半のスキー客はスキー場に宿泊しません。30万人の入り込みがありながら宿泊施設のないスキー場も存在します。スキー場の売上は、ベッド数ではなく駐車台数で決まるともいわれています。

これからは、日本のスキー場は、レジャーからツーリズムにならなければならないが、現状は、日帰りがほとんどで、宿泊型は北海道の一部と、温泉街を抱えたスキー場のみといった現状です。スノーリゾート滞在型だけではなく、都市部にステイをし、一日体験型のスキーという提案も必要かと思います。

日本のスキー場は都市圏からの距離が圧倒的に近く、車や新幹線で気軽に行けます。世界の都市と比較しても、日帰りでスキー・スノーボードが楽しめる恵まれた立地にあります。さらに、総人口に対する参加率は18位（９％）、外国人客の比率に至っては44位（３％）と、国内にも国外にも伸びしろはあります。また、日本のパウダースノーは、観光資源になります。パウダースノーがあるのは、カナダ・ニュージーランド・日本だけという特徴を生かすことにより、アジアを中心とした訪日外国人の人気の場所として期待されます。

信濃町には、黒姫高原スノーパークとタングラムスキーサーカスの２つのスキー場があります。

近年世界中からパウダースノーをもとめて多くの旅行者がきていますが、中でも中国・台湾・香港からのスキー客の増加が今後見込まれています。平成23年スポーツ・ツーリズム推進連絡会議の「再訪日旅行でやってみたいこと」の調査では、中国31・9％、台湾24・1％とスキー・スノーボードをあげていますが、中国語を話せるスキー指導者が整っていないのが現状です。そこで、2016年2月22日（月）～3月18日（金）までの土日を抜いた平日で、黒姫高原スノーパークにて、語学とスキー指導力を兼ね備えた人材を育成し、中国人スキー観光客の受け入れ体制を整備することで信濃町へのスキー客増を目指そうという取り組みを始めました。インターンシップ受け入れは、10年以上のインバウンド受け入れ実績を持つ株式会社東急リゾートが担当し、スキー指導は、日本一の検定回数やオリンピック選手を輩出したことがある黒姫スキー学校、スキーレンタルは、専門的なマテリアルアドバイスができるホテル若月がそれぞれ担当します。参加対象者は、日常会話レベルの日本語を話すことができ、2年以上滞在予定の中国人留学生。初心者、初中級者へのスキー指導に関する基礎知識と安全管理、緊急時の対応、スキー技術の展開に関する基礎知識の習得、顧客満足を高める工夫と方法、雪遊びの方法の習得を目指します。期間中計4

回、雪遊びの方法、初歩動作の指導展開、基礎パラレルターンへの指導展開を中心に効率良く上達する方法と安全で楽しい指導方法を習得します。

信濃町の冬は、スキー場の収入が影響します。地方創生の課題である、東京一極の人口集中を解消して、地方の人口減少を食い止め、地方に若者を呼び込むには、このような仕事があるかどうかです。

訪日外国人を誘客し、ゲレンデに賑わいを取り戻し、冬はスキー場で働き、春から秋にかけては「ウエルネスウォーキング」でガイドをやるといったライフスタイルができればと願っています。

第4章

これからの
ヘルスツーリズム

これからのヘルスツーリズム

宿泊型新保健指導（スマート・ライフ・ステイ）～新たな生活習慣予防の取り組み～

厚生労働省の「患者調査」によると、糖尿病の患者数は316万6000人となり、前回（2011年）調査の270万人から46万6000人増えて、過去最高となりました。

さらに、厚生労働省の平成26年（2014年）「国民健康・栄養調査」によると、糖尿病有病者（糖尿病が強く疑われる人）の割合は、男性で15・5%、女性で9・8%であり、2006年調査に比べ増えていることが判明しました。この調査での「糖尿病有病者」は、HbA1c（NGSP）値が6・5%以上であるか糖尿病の治療を受けている人が該当します。糖尿病は50歳を超えると増えはじめ、70歳以上では男性の4人に1人（22・3%）、女性の6人の1人（17・0%）が糖尿病とみられます。

糖尿病等の生活習慣病を予防・改善するためには、健診結果やパンフレットを用いての言葉だけでの健康指導では限界があります。対象者がどの程度理解し、実際に行動に移せるのか見極めることも難しく、具体的にどのように改善すればよいのか、実感できる体験指導が必要です。

そこで、厚生労働省は、宿泊型新保健指導プログラム（スマート・ライフ・ステイ）の試行事業を始めました。地域の旅館やホテル等を活用して、食事や運動等の体験を通して、自らの生活で実践できる行動計画を立てたり、生活記録のつけ方、評価の仕方を学習する内容などが盛り込まれ、旅の持つ楽しさ、快適さのなかで、健康の大切さを実感し、やる気を高められるような働きかけを行います。

今回のスマート・ライフ・ステイは、特定保健指導のように生活習慣病のリスクが明らかな人に、自治体、健康保険組合等から働きかけて参加していただき、保健指導の専門家から食事の調整方法などを学びます。運動プログラムは、本人の健康状態にあった運動強度を体験し、自宅での運動の仕方をイメージした指導を行います。帰宅後も継続できているのか、６カ月間定期的に追跡し、翌年の健診結果で効果を確認します。

昨年実施された試行事業は、全国23試行事業（自治体７カ所、医療機関５カ所、健康保険組合６カ所、保健指導機関５カ所）で、38プログラム（１泊２日：25プログラム（５１２人）、２泊３日：11プログラム（２８１人）、３泊４日：１プログラム（12人）、６泊７日：１プログラム（７人）でした。参加者は、男性５６９人（平均年齢52・２歳）女性２４３

人（57・9歳）、合計812名（平均年齢53・9歳）でBMI、腹囲ともに保険指導判定値以下は、男性22・8％、女性56・3％でした。

宿泊プログラムの終了時の評価は、保健指導内容への満足度（非常に役に立った、役に立った含む）、運動実技98・9％、運動講義99・3％、食事実習97・3％、食事講義99・4％、検診結果の見方98・9％で、宿泊施設やスタッフ連携の運営満足度は、全体満足度98・9％、スタッフ対応99・1％、アクティビティ96・9％、禁煙・分煙環境95・2％といずれも好反響でした。

食習慣改善意欲は、参加前「今すぐ実行したい」が25・7％に対して参加後は70・2％と大幅に増加し、運動習慣改善意欲も、参加前「今すぐ実行したい」が13％に対して参加後は55・6％と大幅に増加しました。健康な食事を取っていく自信度の変化は、12・9％向上し、定期的な運動を行っていく自信度の変化も、16・8％向上しました。

今回の試行事業は、全機関が宿泊プログラムを実施し、21機関（91・3％）が3カ月経過、15機関（65・2％）が6カ月経過し、順調に進んでいます。今後、3カ月後・6カ月後データおよび27年度・28年度健診結果を回収予定です。

宿泊プログラム終了時の満足度は概ね良好でした。そのうち約60％が「大変満足」と回答しました。特に実施人数・回数が多い機関は満足度が高い傾向がみられました。食事、運動ともに「今すぐ実行したい」の割合が増加しました。

今後、プログラム終了3カ月後、6カ月後のデータを分析評価し、1年後の健診データを分析評価をすることにより、効果が検証され本格的に始動されることが期待されています。

ヘルスツーリズム認証制度

政府は、国内各地の自然や郷土料理を活用したヘルスツーリズムの認証制度を導入しようとしています。レストランではミシュランが有名ですが、誰が見てもわかるようなものを目指しています。

世界一の長寿国である日本の魅力を発信し、外国人観光客を呼び込もうというものです。認証マークを取得したツアーは、関係省庁や自治体が、外国人観光客向けの旅行ガイドブックでの紹介や旅行商品への組み込みを呼びかける予定で、企業の健康保険組合による健康ツアーの活用も想定されています。

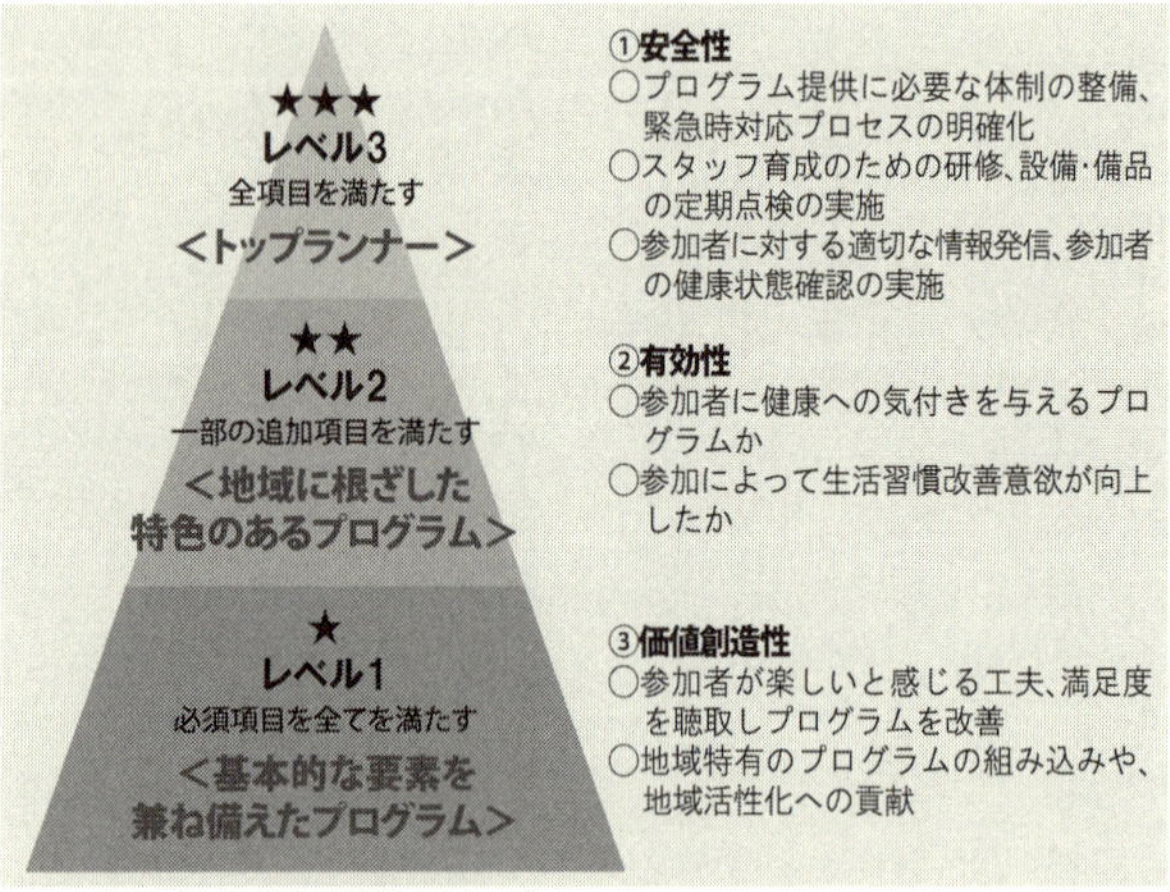

ヘルスツーリズム認証制度のイメージ
出典：経済産業省次世代ヘルスケア産業協議会資料より作成

健康を目玉にしたツアーは、すでに前章でもご紹介した通り全国の自治体、旅館・ホテルやNPO法人が、ウォーキングに温泉を組み合わせたツアーや、医師や管理栄養士、健康運動指導士らの協力で、食事や健康相談、運動指導、糖尿病予防プログラムを組み込んだものを実施しています。

このヘルスツーリズム認証制度は、経済産業省などが、ヘルスツーリズムの基準として、「塩分控えめの食事」、「体重や血糖値の減少傾向」、「旅行後の行動変容（運動の継続）」などの具体的なチェック項目を策定し、提供されるサービスの健康増進効果の基準を満たしたツアーを第三者機関が認定し、主催者が認証マークを表示できるようにするというものです。

前章で、国内各地でのヘルスツーリズムの取り組みを紹介しましたが、我々が実施しているウエルネスウォーキングについて触れておきたいと思います。

ウエルネスウォーキングとは

ウエルネスウォーキングとは、ウエルネス理論に基づいたプログラムで、ノルディックウォーキングや健康ウォーキング、まち歩きなどの要素を取り入れた新しいウォーキングスタイルです。

日本ウエルネス学会の野崎先生によれば、ウエルネスとは、自分の人生には自分で責任を持つことを知り、より幸福でより充実した人生を送るために、自分の現在の生活習慣（ライフスタイル）を点検し、自分で変えなければならないことに気づき、これを変革し続けていく過程であると定義づけられています。

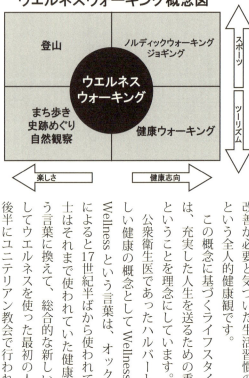

ウエルネスウォーキング概念図

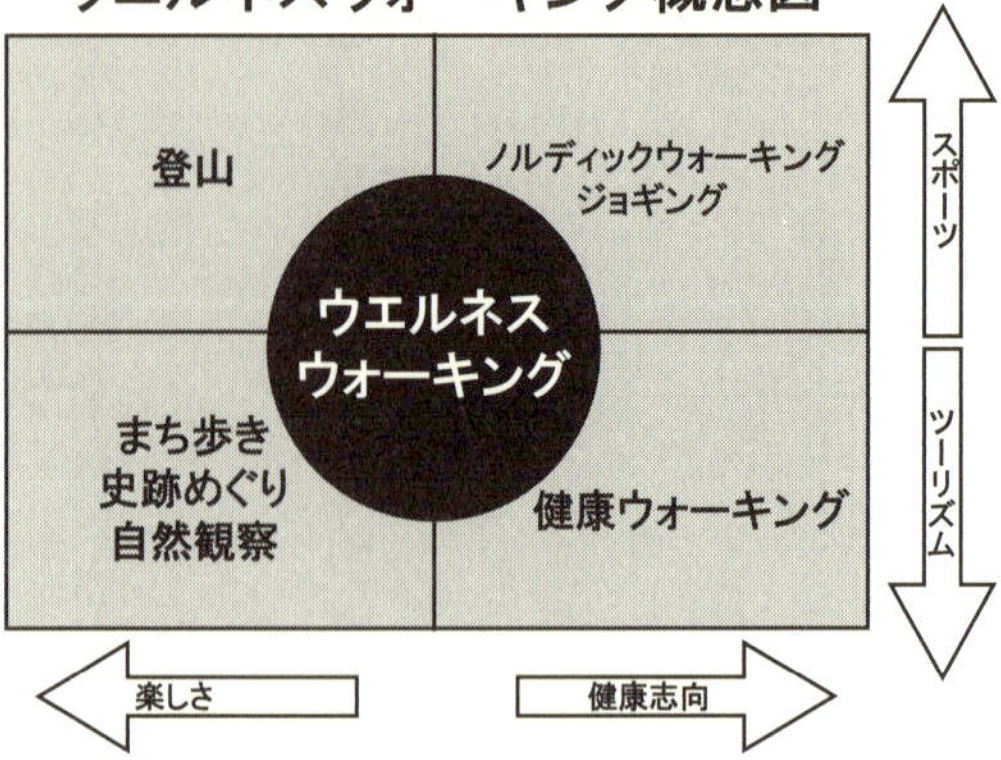

充実した人生を送るために毎日の生活を見直し、改善が必要と気づいた生活習慣の改善をしていこうという全人的健康観です。

この概念に基づくライフスタイルにおいて、健康は、充実した人生を送るための重要な要素のひとつということを理念にしています。

公衆衛生医であったハルバート・ダン博士は、新しい健康の概念としてWellnessを発表しました。Wellnessという言葉は、オックスフォード大辞典によると17世紀半ばから使われていますが、ダン博士はそれまで使われていた健康を表すHealthという言葉に換えて、総合的な新しい意味を持つ言葉としてウエルネスを使った最初の人で、1950年代後半にユニテリアン教会で行われた連続21回に及ぶ講演の中でこの考えを明らかにし、1961年にウエルネスに関する最初の出版物『ハイレベルウエルネス』を出版しました。アメリカにおけるウエルネス運動が高まりつつあった1980年代初期、アメリカの健康に関する学会に参加した関係者が、日本へウエルネスの概念を導入しました。

ウォーキングのやり方としては、ドイツのクアオルト（療養地・健康保養地）で治療としても実施されている気候療法や地形療法やクナイプ療法の手法を参考にしました。

クナイプ療法の運動療法では、水療法と併用の形で処方されます。これにはウォーキングやサイクリングや体操のように、持久性のある軽い運動が適しています。いずれにしても、運動療法では医師による疲労指数の測定を基にした処方が必要ですが、これがどうしてもできないという場合には、1分間の脈拍数の上限が、「180―年齢」の範囲内に収まる程度の運動量を目安としています。患者に余力がまったくなくなるまで、つまり上限ギリギリまでの激しい運動をさせるのは問題です。上限の一歩手前までの激しい運動をさせる場合には、運動時間を短くし、休息を取らせた後で、またこれを繰り返す処方が適切といえます。理想をいいますと、運動療法は1日当たり1時間を目安としています。

気候と地形を利用した歩行運動を結び付けた地形療法がドイツでは盛んに行われています。海抜300～1000mに位置し、なだらかな丘陵地帯、森林が多い地域、一般に保

全米ウエルネス学会で日本ウエルネスウォーキング協会の活動について報告

護性気候であり、特別な禁忌がなく、幅広い気候療法の適応があります。森林が多いので花粉症などのアレルギー性疾患には不向きです。特徴は、（160－年齢）を超えないように心拍数をコントロールしながら歩くことです。（アンゲラ・シュウ、2009）。

ここでの特徴は、傾斜のある歩道を決められた処方・指示で歩きます。特に、心疾患と循環器系のリハビリとトレーニングに適しているといわれています。運動の設定は、1クールは3週間が基本で、週に2～3回で1回は20～40分。運動になれた方は、心拍数（180－年齢）で歩きます。開始時とビギナーでは心拍数（160－年齢）で設定します。開始時の安静時の血圧が200／115

の場合は禁止としています。

これらを参考に、最大心拍数を「160―年齢」を超えないように心拍をコントロールしながら歩くことにしています。これらの心拍数は、「ちょっときつい程度」の運動強度を目安にしています。これは、アメリカスポーツ医学会（ACSM）が、世界中の様々な研究結果をまとめて、どんな運動をどのくらいすればどんな効果が上がるかというガイドライン『運動処方の指針―運動負荷試験と運動プログラム―』を作成しています。1975年に初めて出版した『運動処方の指針』では70〜90％心拍数の運動が推奨されていました。70〜90％心拍数の運動は、私たちが行っている50％心拍数の運動に対して、たいへん激しい運動です。その後、長い間『運動処方の指針』では70％〜90％心拍数の運動が推奨されていましたが、次第に軽い運動の効果が認識されるようになり、1995年には50％心拍数が推奨されるようになりました。

ウエルネスウォーキングコースづくりについては、大阪あそ歩の「まち歩き」とドイツの気候療法、地形療法の考え方を参考にしました。以下のような考え方です。まずは、既存の手入れをしなくてもよいコースを使用します。スタートとゴールには、血圧を落ち着いて測れる場所があること。日向と日陰が交互にある刺激と緩和があること。腕浴ができる水を確保できること。林道などに限定せず、民家周辺や町中のコースも選定します。

ウォーキングコースマップは手描きにしてシンプルにわかりやすくします。コース上あるいはコースの近くにお土産が購入できる場所、食事をとれるような場所も一緒に選定します。トイレ、または緊急車両が入れるポイントも調査し、あわせて記入します。道幅は1～2mぐらいあること。木の根や岩のでっぱりが多いと気を使い、危険なので道に障害物が少ないこと。おおむね斜度5％以内で傾斜がありきつすぎないこと。それも30分程度は続いていること。途中で戻れるようなショートカットルートがあること。ウッドチップが敷いてあるなど一般的には舗装されていないことが望ましい。車椅子や障害者には逆にバリアフリーの舗装歩道があると歩きやすい。途中に休息できるベンチもあるとよい。距離は3～5㎞程度の緩やかな坂道と整備された道があることを理想としています。

コースづくりのポイントは、健康のために歩くことも重要ですが、そこに住んでいる人の暮らしぶりやその町に反映されている地域の歴史を直接体験することも意識しています。人々の季節の食材や暑さ寒さを防ぐ工夫や受け継がれてきた独特の風習などをじっくりと見聞することが重要です。

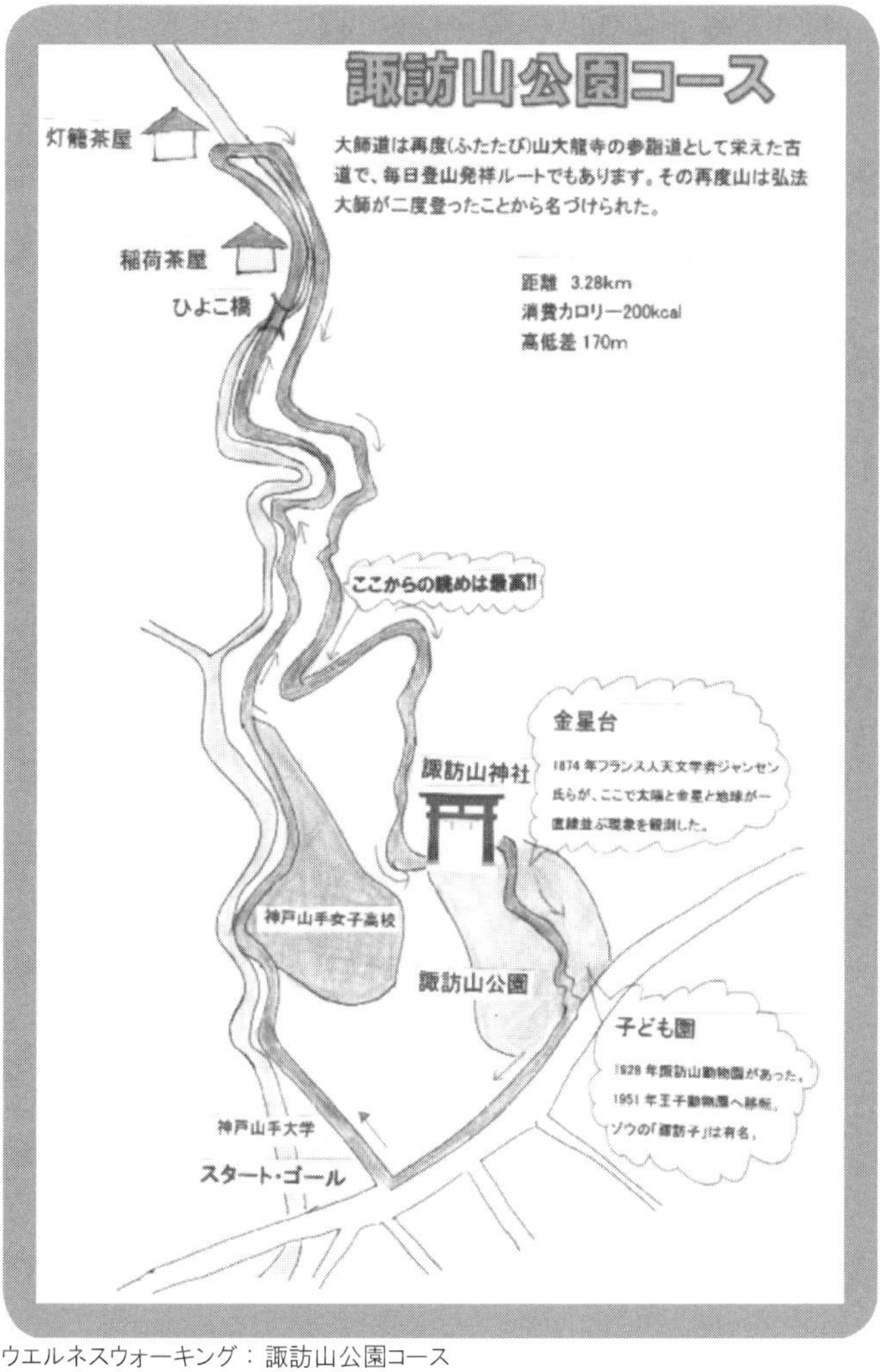

ウエルネスウォーキング：諏訪山公園コース

地域住民を巻き込み、便宜施設や支援施設を確認しておくこと。トイレや雨よけ、スーパーやコンビニのトイレ、飲料自動販売機など。コース沿いの店舗は積極的に活用し、休憩場所にも使えるように、地域の商業者と関わりあう場を設けるように交渉しておくことも重要です。このようなポイントがウエルネス的要素といえるものです。

日本ウエルネスウォーキング協会

２０１３年、大学の公開講座から始まった六甲健康保養地研究会が、神戸市立森林植物園で毎月開催しています「ＫＯＢＥ森林植物園ウエルネスウォーキング」ですが、２０１５年８月に開催された指導者養成講座を機に、兵庫県多可町や長野県信濃町、北海道など全国へ広がってきました。そこで、ウエルネスウォーキングの普及や指導者養成およびコースづくりのアドバイスを行うために日本ウエルネスウォーキング協会が２０１６年３月に立ち上がりました。それぞれのリーダーが、その地域のウォーキングコースを開発し、現在では40コースあります。ウォーキングを開催することにより、その地域が活性化し、健康寿命延伸に寄与できるものと信じています。

海・まち・山をつなぐ神戸版着地型ヘルスツーリズムのプロモーション

ドイツをはじめとした欧米諸国では、自然療法が盛んに行われています。各地には保養のための施設があり、行政や研究機関による協力体制も整えられています。また、自然療法が保険の適用対象となっているなどの法的な支援もあることで、より人々が自然療法に親しみやすい環境となっています。

国内では、ドイツのように本格的な中長期滞在が可能な状況ではありませんが、熊野古道健康ウォーキング、かみのやま温泉クアオルト健康ウォーキングなど健闘している地域があります。このようなウォーキングはヘルスツーリズム推進の観点として、単に旅行中の健康効果（医学的、生理学的、心理学的等）だけに着目するのではなく、旅行をきっかけとした生活の質の向上を図るための手段として期待されています。

「KOBE森林植物園ウエルネスウォーキング」では、ウォーキングの健康効果を血圧などの指標で「見える化」をしています。このように効果を実感していただくことは、日々の行動変容につながるきっかけになります。

森林植物園がある六甲山は、都市部から30分と近く、気候療法や地形療法での重要な要素である高度が600mと長寿県である長野県とほぼ同じ高度でもあります。また、「朝の森林浴散歩」を実施しているポートアイランドは海洋療法としての効果も期待でき、健康効果も高いことからこの地におけるウォーキングは、健康寿命を伸ばす取り組みになり観光振興の一助になるのではないかと考えられます。「住民が楽しく健康になることにより、他の地域の方々に共感を呼び、一度訪れてみたいと思うようになる」ことで、神戸ポートピアホテルの宿泊客が増えることや神戸を訪れる人が増えていくことを期待したい。また、ホテルの近くには、iPS細胞を用いた世界初の網膜シート移植手術の実施などの先端医療技術の研究開発拠点「神戸医療産業都市」があります。それぞれの施設を案内しながらウォーキングをする「神戸医療産業都市ウエルネスウォーキング」も計画されています。

このようなウエルネスウォーキングを実施している地域に、他の地域から遠足で訪れるような交流が可能となり、それぞれの地域が活性化することを期待しています。

ヘルスツーリズムの受け入れ地域における推進上のポイント

近年インターネットが普及し、航空会社や鉄道会社、宿泊施設等が消費者にダイレクトに情報提供するようになり、低価格、高品質で販売することが可能になってきました。消費者の志向は、見る観光から五感で感じる旅行へ移行しつつある中で、旅行会社の店頭では、未だにJR券や航空券と宿泊をセットにした商品が企画商品の中心に置かれているのを目にします。

これからの受け入れ地域や旅行会社は、地域資源を最大限に生かした個性的な、旅行商品開発をしていかなければなりません。旅行会社ばかりではなく、観光客の受け入れ地域においても、今までのように旅行会社に商品造成を依頼し、その集客を受け入れるといった従来型のビジネスモデルのままでは通用しなくなっています。

最近では、体験交流型の新しい観光旅行コンセプトとして、エコツーリズムやグリーンツーリズム、産業観光、ヘルスツーリズムなどニューツーリズムが注目されるようになりました。ここでは、ヘルスツーリズムの推進にあたって、受け入れ地域側から見た基本的な考え方について述べてみたいと思います。

受け入れ体制の必要性

ヘルスツーリズムに限ったことではありませんが、地域基盤の整っていない地域での新たな地域活性化の仕組みづくりは難しく、新しい観光コンセプトであるヘルスツーリズムが理解されにくい場合が少なくありません。

これまでの観光誘致の方法や地域資源の発信を続けていき、5年後、10年後の地域がどのような状況になっていくのかについて、地域全体で共通の課題として理解する必要があります。地域の理解を得ずにヘルスツーリズムの開発に着手しても、地域全体の協力体制が確立できず継続が困難になってしまう恐れがあります。

地域において一部の有志がヘルスツーリズムの推進に頑張っているものの、地域全体の取り組みとして認知されず、地域全体の観光PRとも遊離している事例も見られます。こうした事態にならないようにするには、「産・学・官・民」の幅広い協力関係が必要になり、観光業者だけではなく、行政などのコーディネートのもとに、地域医療や農林水産業、商業、さらに医科学的な根拠づくりなどを支援する大学研究機関が一緒になり、実現できるものです。自治体においては「健康まちづくり」宣言などを行い、住民が健康のために日常的に実践しているウォーキングなどの健康プログラムを訪れた観光客にわかりやすく提供したり、住民がその健康づくりメニューを日常的に実践し健康寿命を延ばすことに成功していることを示すなど、「地域活動の健康づくりをベースにしたヘルスツーリズムのプログラム提供」といったことを示すことが重要です。地域の住民が参加しないような知らないプログラムを旅行商品化しても長続きはしません。また、他の地域で成功しているからということで、同じようなプログラムをそのまま真似したところで、その地域の資源が活用されずに魅力が消費者には伝わらないといったことにもなります。

商品開発の重要なポイント

大手旅行会社は、大量仕入れ、大量販売の仕組みが前提になります。経営的な観点からいえば、ヘルスツーリズムの旅行商品開発をコスト計算した場合、少量仕入れ、少量販売商品の傾向になり拡大には限界があります。一方、地方都市で営業する中小旅行会社の経営環境は急変し、着地型旅行商品を取り扱った新たなビジネスモデル構築が緊急課題になっています。

地域の中小旅行会社は、ヘルスツーリズムを旅行商品化するために必要な要件を学び、地域に提案できる開発スキルを身につけ、大手旅行会社と代売契約を結び、十分な協議を行って必要な商品構築のハードルを明確にし、その上で大手旅行会社を通して着地型旅行商品をオプショナルツアーとして消費者に提供することで着地型旅行商品の新たなビジネスモデルを構築することができます。

ヘルスツーリズムは、「医科学的根拠に基づくプログラム」が重要になりますが、これを追求していくと、エビデンスの構築に時間と経費がかさみ、事業資金や人材に乏しい地域では敷居が高くなり、チャレンジしたくてもできない状況に陥ります。これからヘルスツーリズムにチャレンジする地域では、あまりハードルを高くせずに身近な地域資源を生かした、楽しみの要素が多い健康増進プログラムの提供から始め、徐々に地域医療機関や観光以外の地域産業、大学研究機関との連携をとり産官学連携の組織を形成していくことが望まれます。

しかし、ヘルスツーリズムを追求していくほど、一般的な消費者からはマニアックに見られて敬遠される傾向があります。マニアックな旅行商品は集客が難しく、その結果、事業採算ベースに乗せづらくなります。このようなことから、消費者を満足させる内容に高めると同時に、品質管理や事業採算ベースに乗せるノウハウについて旅行会社から学び、お互いに協力し、受け入れの安全性も含めてコンプライアンスの基準に則った、企画旅行商品を販売できるコンセプトづくりが重要です。その際に、ターゲットに合わせたシナリオやわかりやすい解説もポイントになります。また、ヘルスツーリズム以外の旅の楽しみをいかに演出できるかも重要な要素です。ターゲットが違えば、当然、観光客の興味の内容や程度が違ってきます。地域ならではの歴史的な背景や人物、食文化や風習などの見せ方や解説をターゲットに合わせながら、観光客に旅情を感じてもらえるようなプロデュースが重要になってきます。

ヘルスツーリズムをより効果的にするために重要なこと

ヘルスツーリズムは、自己の自由裁量時間の中で、日常生活を離れて、主として特定地域に滞在し、医科学的な根拠に基づく健康回復・維持・増進につながり、かつ、楽しみの要素がある非日常的な体験、あるいは異日常的な体験を行い、必ず居住地に帰ってくる活動である（社団法人日本観光協会）と述べています。その中心にある考え方に、ウエルネスは欠かせないものだと考えます。

野崎先生によると、ウエルネスは、これまでの健康という用語の概念を超えて我々の生き方、人生そのものについて考え、我々がどのように生きどのように死んでいくのかという、個々人にとって最も良い生き方を探求していくという考えです。自分の日頃の生活習慣を点検し、より充実した人生を送るために、必要なものは何だろうかと探求し、学んだものをいかに楽しく実行していくかがウエルネスライフです。

ウエルネスに生きるには、自分の現在のありのままを自分で受け入れることです。トラビス氏によると「自分自身を信頼し、受け入れ、理解し、許すことからウエルネスが始まる」と自己受容の大切さを述べています。もっとすばらしい自分でありたいと願いながら、そこから目をそむけてしまうのではなく、自分の現状を受け入れ、自分の存在をありのままに受け入れられることがウエルネスの第一歩です。

次に、自分の人生や健康については自分に責任があるということをはっきりと自覚し、他人の意見を取り入れていくが、最終的決断と責任は自分で持ち、自分のライフスタイルの変革に意欲的に取り組んでいくことです。

ウエルネスな生き方の目的はただ健康に生きるというのではなく、どのようにしたらより充実した幸福な人生を送ることができるか、自分自身に問い続けていくのかがウエルネスライフです。

ウエルネスライフの目的は、より健康な、より幸福な生活であるハイレベルウエルネスです。ハイレベルウエルネスを目標にして毎日の生活を変革していくのがウエルネスライフになります。その過程は気づきから始まります。ハイレベルウエルネスを目指していく生活の中で大切なことは、プラス思考であるということです。気づいた生活習慣の変革も自分のダメなところ、悪いと思った生活習慣をやめることよりも、良いと気づいた生活習慣を取り入れていくことです。

ウエルネスなライフスタイルは、一人ひとり異なり同じものはありません。インストラクターや医師たちの処方してくれた方法をこなしていくというよりも、それぞれの人が自分の生活習慣や自分の体調、ストレス状態、心身の疲労等を自覚して、どのように変えていくかを自主的に考えていく点がポイントになります。

各種プログラムのインストラクターや医師たちは、気づきや生活習慣を改善していく行動を起こしやすくするための資料や生活習慣の改善方法とその技術の紹介等を行い、指導者というよりも援助者（ファシリテーター）という役割を持っています。

ヘルスツーリズムのプログラムには、自分の現在の生活習慣の現状について認識するというプログラムと、より良い生活習慣というものはどのようなものか、それを体験し、実行するための学習があるということに気づくプログラムの2種類があります。

プログラムを実行していく中で、楽しさ、ユーモアをとり入れたプログラムである配慮が重要です。どんなプログラムでも、この楽しさを忘れたプログラムは、単なるトレーニングや修行的なプログラムとなってしまいます。もう一つ配慮されていなければならないものとして「自ら行う」ということです。自分の人生には自分で責任を持つということがウエルネス理論の基本のひとつであることからも、強制ではなく、しかたなしにするのではなく、自ら主体的に取り組めるプログラムでなければなりません。そこには自ら進んで実行したくなるようなプログラムデザインや場の設定、インストラクターの呼びかけが必要となってきます。

プログラムの中に、ヘルスリテラシーとして講座も重要になってきます。座学中心のものではなく、実習や演習、グループディスカッション等の体験を取り入れたワークショップ型のものが効果的だといわれています。講義の場合でも講師の理論や方法をそのまま受け入れ、覚えていくというものではなく、講師から与えられたり、自分たちで考えた課題について　参加者と一緒に考え、課題を解決していくということがポイントになります。

参考文献

『気候療法入門』（アンゲラ・シュウ　西川力訳　パレード　２００９年）
『「まち歩き」をしかけるコミュニティ・ツーリズムの手ほどき』（茶谷幸治　学芸出版社　２０１２年）
『運動処方の指針―運動負荷試験と運動プログラム』（日本体力医学学会体力科学編集委員会　南江堂　２０１１年）
『ヘルスツーリズムの手引き』（日本観光協会　２０１０年）
『ウエルネスの理論と実践』（野崎康明　丸善メイツ　１９９７年）
『ウエルネス理論にもとづく健康保養地の在り方』（野崎康明　同志社女子大学学術研究年報第51巻Ⅱ　２０００年）

おわりに―私のヘルスツーリズムとの出会い

私は、以前大手学習塾で教育旅行を中心とした旅行業の仕事をしていましたが、そこで、驚く事実に遭遇しました。毎年開催される、日常とは異なる場所で友達と寝起きする合宿での参加者のアレルギーが増えていることでした。このアレルギーの対応には、かなりのエネルギーが必要です。ひとつ対応を誤ると生命に関わるからです。そこで、我々にもある程度の専門知識が要求されてきました。そこで、なぜアレルギーを抱える子どもたちが増えたのか？　興味を持ちいろいろと調べているうちに、非営利特別活動法人日本食育インストラクター協会の食育インストラクターという通信講座と出会い、その原因として「食事」がかなり大きなウエイトを占めていることに気づかされました。

その頃、私は43歳でしたが健康診断で生活習慣病と診断され治療をはじめることになりました。そんな時に『医師がすすめるウォーキング』という故泉嗣彦先生の本に出会い、とても勇気づけられました。その本には、糖尿病のわかりやすい解説のほか、「食後30分のウォーキングが効果的である」と記してありました。そこで、まずは試験的に歩き始めてみるとひと月で5kgの減量に成功しました。それから前向きに病気と向きあうために教育入院をして、主治医から徹底的に病気について指導を受け、理解を深めることができました。そこではウォーキングの重要性について語られ、私は、ウォーキングの効果について再認識して「1日1万歩」を目標に歩くことを決意して歩き続けることにしました。その結果1年で12kg減量に成功して検査結果も正常値に戻すことができたのです。「1日1万歩ウォーキング」はその後も続けています。

そこで、ウォーキングの効果性を深く学びたいと考え、日本ウォーキング協会の指導員養成講座を受講し、その時の講師でもある内科医の中川久恵先生らから「ウォーキングの科学」について学びました。

そのころ、前の職場の関係で27年前から「受験合宿」でお世話になっていた長野県信濃町が〝癒やしの森プロジェクト〟を立ち上げるということで、その推進委員会の方々から誘われ、モニターやシンポジウムに参加するようになりました。そこで、森林療法（森林浴をはじめとした森林レクリエーションや森林内の地形を生かした歩行リハビリテーション、樹木や林産物を利用する作業療法、そして心理面では散策カウンセリングやグループアプローチなど、森林環境を利用して五感機能を使う全人的なセラピー）という新しい考え方に出会いました。

2006年に林野庁主導の「森林セラピー研究会」(現特定非営利活動法人森林セラピーソサエティ)と「森林セラピー基地実行委員会」が全国から「森林セラピー基地」6カ所(現在は60カ所)を初選抜しました。「森林セラピー基地」というのは、森林地の癒やし効果(ストレス解消効果)を「科学的・医学的」に検証し、さらに宿泊施設や交通の便を審査して選んだものです。そのひとつに信濃町の「癒しの森」が選ばれたのですが、信濃町独自のカリキュラムで養成した「森林メディカルトレーナー」125名の存在が大きかったようです。

そこで、2008年4月から市町村国保、健保組合などに、40歳以上75歳未満の方に対する「特定検診」「特定保健指導」の実施が義務づけられたのをきっかけに、まず、信濃町におけるプログラムとして、健康モニターを実施しました。これには、私自身の治療体験をベースに中川先生のアドバイスを受けて計画を立案しました。森林浴とウォーキング、地元食材を利用した食事でのカロリー制限を組み合わせたプログラムで、モニターは実施にメタボリックシンドローム予防と癒やしの相乗効果がどの程度あるかが中心でした。調査対象としては、企業の保養活動を念頭に企業従事者を対象にしました。

調査方法は、POMS調査(Profile of Mood States:気分を評価する質問紙法の一つとして米国のMcNairらにより開発された調査法）とアンケート調査を実施しました。調査結果は、一定の成果は得られたものの、実際に企業の保養プログラムとして採用可能なのかどうかは結論を導くには至りませんでした。例えば、企業が認めるために必要なエビデンス（科学的根拠）の取り方とはどういうものか？などです。

この経験から、私自身、もう少し予防医学の分野を深めないといけないと考えましたが、その時に非営利活動法人日本ホリステック医学協会の「生活習慣病予防指導士」資格講座の存在を知りました。その過程をすすめていく中でホリステック医学（西洋医学と代替医療その全体を指すもの）という新しい考え方に出会ったのです。そこでは森林療法はその代替医療のひとつとして位置づけられていました。

こうして新しい分野にチャレンジするうちに、これまでの様々な資格取得の予備学習を通じて学んできたことに独学の限界を感じるようになり、体系だった学びをしたいと思って48歳のときに早稲田大学人間科学部健康福祉学科に進学しました。そこで、予防医学を中心に学び、さらに日本大学大学院総合社会情報研究科人間科学専攻を修了し、現在は和歌山県立医科大学大学院医学研究科衛生学教室でヘルスツーリズムの可能性について研究をしています。

(にしむら・のりよし)
☆西村典芳

神戸山手大学現代社会学部観光文化学科　教授
日本ウエルネスウォーキング協会　会長
日本ウエルネス学会　理事

'62 年熊本生まれ。近畿大学卒業後、大手学習塾に入社、27 歳の時に社内起業し旅行会社の経営に携わり、教育機関を対象に営業を展開し体験活動のノウハウを学ぶ。44 歳の時に「森林セラピー」と出会い学びなおしをするため、早稲田大学人間科学部に入学。卒業と同時に大学教員になる。その後、日本大学大学院総合社会情報研究科人間科学専攻を修了し、現在、和歌山県立医科大学大学院医学研究科衛生学教室在学中。

病気を予防し、心と体の健康のための新しいツーリズム、「ヘルスツーリズム」を研究し、地域の健康づくりを通じて活性化の手伝いをしている。他、自然体験活動指導者養成、食育講演会など様々な顔を持ち、幅広い年代に向けて健康づくりや 28 年にわたる合宿教育を通じて青少年育成活動を行っている。

ヘルスツーリズムによる地方創生
健康長寿を目指して「お散歩でこの国を元気にする」

2016年8月31日〔初版第1刷発行〕
2021年12月10日〔初版第2刷発行〕
著　者　西村典芳
発行所　株式会社カナリアコミュニケーションズ
〒141-0031 東京都品川区西五反田1-17-1
TEL 03-5436-9701　FAX 03-4332-2342
http://www.canaria-book.com
印刷所　株式会社クリード
装　丁　福田啓子

ISBN 978-4-7782-0365-8 C0075

カナリアコミュニケーションズの書籍ご案内

儲けるから儲かるへ

ISBN 978-4-7782-0478-5

[著者] 近藤 典彦

[発刊日] 2021 年 9 月 17 日
[定価] 1,760 円（本体：1,600 円＋税 10%）

この子たちの未来のために
何ができるのか？
困難に立ち向かう経営に必要なのは
失敗を恐れない行動力と
行動を裏打ちする理念とビジョンだ。
静脈産業の旗手による新しい時代への提言！

人生 100 歳 シニアよ、新デジタル時代を共に生きよう！

ISBN 978-4-7782-0479-2

[著者]
シニア ICT ディレクター 牧アイティ研究所 代表
牧 壮

[発刊日] 2021 年 10 月 19 日
[定価] 1,650 円（本体：1,500 円＋税 10%）

2021 年デジタル社会推進賞 デジタル大臣賞銀賞を著者受賞！シニアとデジタルをつなぐ活動を続けてきた著者が 85 歳になった今、改めてその活動と現状を振り返り、スマホやパソコンが使えないため孤立・孤独に陥りそうなシニアに、愛にあふれたエールを送る!100 歳に向けて著者が目指す新たなデジタルシニア社会のビジョンも公開。シニアの可能性を広げるデジタル活用を、自ら実践＆模索を繰り返しながら牽引する。